Bruno Charvet

W0199921

Élevez votre fréquence vibratoire et attirez le meilleur

LAROUSSE

« Vous êtes la lumière du monde. »

MATTHIEU, V, 14

Sommaire

Avant-propos

La plupart des gens qui poussent la porte de mon cabinet ont vécu un deuil. Qu'il soit récent ou plus ancien, ils viennent me voir pour entendre des messages de leurs proches disparus, celles et ceux que j'appelle les « petites âmes » et que je présente souvent comme étant « là-haut », pour désigner ce monde invisible dans lequel elles brillent pour l'éternité.

Oui, médium, c'est mon métier.

Pendant de longues années, j'ai déambulé dans les rues de Paris en passant de précieux messages de l'au-delà à ceux qui manifestaient le désir d'en recevoir. Médium itinérant, c'est un peu ma marque de fabrique. Cette façon inhabituelle de travailler – on s'attend davantage à une pièce discrète où s'épancher ! – a propulsé ma chaîne YouTube sur le devant de la scène. Pour moi, à l'époque, l'idée était de démocratiser la médiumnité, la sortir de son vieux costume et lui donner un bon coup de neuf. Quoi de mieux que la vraie vie pour parler spiritualité ? Pari réussi, semble-t-il, à en croire le nombre de personnes qui suivent mes aventures. J'en suis honoré, et cette confiance m'oblige.

C'est d'ailleurs ce qui m'a poussé à approfondir mon travail. J'ai rapidement ressenti le besoin d'aller plus loin avec mes clients. Qu'ils soient rassurés et apaisés était ma priorité. Tant de personnes vivent encore le deuil de leurs proches, parfois après de très nombreuses années. Un simple message peut tout changer. Favoriser, même très humblement, leur libération, c'est tout ce qui m'anime. Pourtant, il manquait quelque chose à mon travail. Je sentais que je pouvais aller plus loin. J'étais poussé à les aider davantage, mais d'une façon plus régulière et peut-être plus actuelle aussi. C'est-à-dire dans leur vie quotidienne.

Très souvent, à la fin d'une séance, les clients me demandaient s'ils pouvaient revenir. Non pour parler à nouveau de leurs défunts, mais pour s'ouvrir encore plus à la spiritualité. En d'autres termes, pour se reconnecter à leur être intérieur. Je précise que je ne suis pas thérapeute, au sens conventionnel du terme. Néanmoins, quinze ans de pratique médiumnique, des milliers de clients ayant reçu autant de messages, plus de dix mille personnes rencontrées lors de mes tournées d'expérience médiumnique, et une très longue psychanalyse, bref, une vie consacrée à la spiritualité : tout cela m'a donné une hauteur de vue appréciable. Qui mieux qu'un médium peut ressentir, dans l'empathie qui est la sienne, les problématiques bien concrètes qui occupent les êtres humains ?

C'est ainsi que j'ai commencé à transmettre des guidances. Il s'agit de leçons de vie livrées par des anges gardiens, des « guides ». Transmis dans des contextes de blocage familial, d'enfermement conjugal ou de situation professionnelle inextricable, ces messages de l'autre monde ont fait merveille. Même pour moi qui en ai pourtant l'habitude, je suis estomaqué par l'inventivité, l'ingéniosité de ceux que j'appelle aussi les êtres de lumière. Ils voient ce que nos yeux de chair ne voient pas, ils nous affranchissent de nos pensées limitantes et transcendent en nous des obstacles insurmontables. Je ne pouvais en rester là.

Nourri par mes guides et par la confiance qu'on me témoignait, j'ai constitué année après année un programme d'accompagnement spirituel qui, je dois le dire, fonctionne très bien dans la plupart des cas. Je l'ai expérimenté sur moi-même avant tout, et c'est son condensé que je vous présente dans ces pages. Il s'appuie sur un constat simple mais essentiel : tout est vibration. La vie telle que nous la concevons est un amas de particules énergétiques complexes. Elles forment un réseau infini de fréquences vibratoires : les pierres, les plantes, les animaux et les hommes sont reliés, tous ensemble à une corde d'argent, qui nous connecte à l'énergie primordiale. Parmi ces fréquences, certaines nous conviennent, d'autres nous desservent. Toutes parlent de notre état intérieur.

Toutes sortes de personnes défilent dans mon cabinet : des couples, des solitaires, des professions libérales autant que des boulangers, des salariés ou des entrepreneurs. Toutes ont en commun ce désir d'intégrer la dimension spirituelle – la meilleure part de nous-mêmes – à leur vie quotidienne. C'est un signe des temps : on ne peut plus faire l'économie d'une vie reliée au divin, à Dieu, à la Présence.

Quand il est absorbé par son histoire, ses blessures, ses blocages ou le flot du monde, l'être humain ne perçoit plus la Lumière. Il ne ressent plus l'énergie. Il a perdu le contact avec son être intérieur. Petit à petit, son ego a grignoté du terrain pour prendre les commandes de sa vie. Il s'étiole. Il regarde « son » existence comme on parle de « sa » femme, « sa » carrière ou « son » chien : comme un objet, une chose figée, une possession et non comme quelque chose de mouvant, de multiple, de vivant. Ainsi, il s'identifie complètement au monde de la forme et se limite à ce qu'il a et ce qu'il fait.

Le but de cet ouvrage est de vous permettre, en cinq étapes étalées sur trente jours, de vous désidentifier de votre histoire, celle qui vous a poursuivi jusque-là et qui a bloqué votre fréquence vibratoire. C'est bien pour cela que vous tenez ce livre entre les mains, n'est-ce pas ? Pour sortir des sempiternelles répétitions d'une vie étriquée et sans saveur. Cette vibration, il faut l'élever, la libérer, lui donner toute sa puissance. Les cinq grandes étapes que je vous présente ici sont comme autant de piliers de connaissance et de réalisation de soi. Vous allez apprendre à observer. Ce qui est en vous, ce qui est autour de vous, tout cela dans une approche paisible et sans jugement. Vous allez découvrir que le regard que vous portez sur le monde conditionne vos désirs, vos choix et, partant, votre réalité. Vous allez apprendre à désirer vraiment, à déverrouiller votre créativité, votre intuition. À démontrer l'abondance de la vie sous toutes ses formes. Car l'abondance est une fréquence vibratoire haute.

Ayant réalisé cela, mes clients vont déjà mieux en quelques semaines, et ils changent du tout au tout en quelques mois. S'il est suivi pas à pas, sans se presser, ce programme fonctionne. J'en ai la preuve par de nombreux témoignages. Vous aussi, vous avez la possibilité d'aller mieux, et d'aller même tout à fait bien. La blessure n'est pas une fatalité. Au contraire, elle peut même devenir votre force. La première manière de dénouer une situation, c'est de le désirer authentiquement. Et c'est certainement votre cas, ami lecteur.

Conçu pour transformer en profondeur votre vie, mon programme ne demande aucune compétence, aucun prérequis, aucune expérience particulière… juste de la bonne volonté et de l'énergie ! Vous en avez, comme les autres. Tout est déjà là, à l'intérieur, et tout notre travail, ensemble, au cours de ces pages, sera de vous apprendre à la découvrir et à l'employer. Si ça a marché pour les autres, pourquoi pas pour vous ?

Ce livre a été conçu comme un manuel : trente petits chapitres répartis en cinq semaines de six jours, le dernier jour étant consacré, sauf pour la toute dernière semaine, à faire le bilan des cinq leçons passées. Il est agrémenté d'exercices ludiques qui vous demanderont un peu d'attention et vous surprendront. Bien sûr, vous êtes libre de procéder comme vous l'entendez, mais l'idéal serait de vous limiter à un chapitre par jour. De la sorte, vous sirotez votre leçon et vous vous laissez imprégner par la vie nouvelle qui va s'ouvrir peu à peu à vous. Après avoir lu vos quelques pages, le matin par exemple ou le soir avant de vous coucher, vous posez votre livre et vous méditez sur ce que vous venez d'apprendre, en tentant de pénétrer les enseignements avec votre cœur, non avec votre mental. Écoutez ce que vous ressentez pendant et après votre lecture. Laissez résonner en vous la grande vibration de la vie. Il n'y a pas d'allié plus précieux que le temps, surtout lorsqu'on veut changer. Ainsi, en lisant, prenez conscience de l'espace entre les phrases, entre les mots. Arrêtez-vous régulièrement. Revenez en arrière, relisez les chapitres précédents. Savourez la lecture. Puis laissez reposer comme une pâte que l'on réserve. Immergez-vous dans l'énergie qui s'en dégage. Avant de vous en rendre compte, vous aurez appris à vous aimer et à aimer le monde.

C'est parti !

PREMIÈRE SEMAINE

Apprendre à vivre ici et maintenant

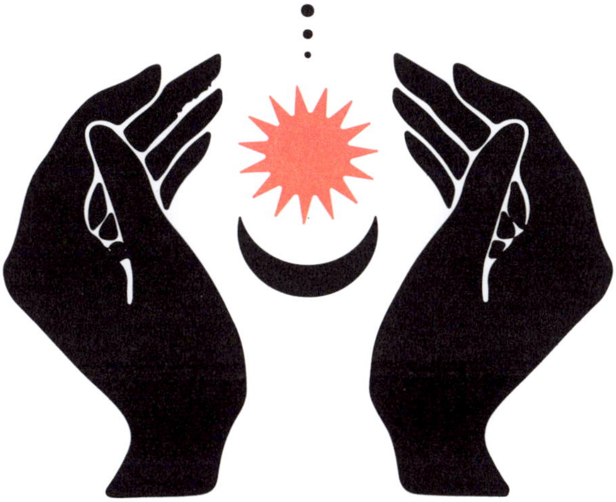

JOUR 1

S'ancrer dans le présent

« Hier est derrière, demain est un mystère, mais aujourd'hui est un cadeau. »

ELEANOR ROOSEVELT

Très naturellement, au début de mes programmes d'accompagnement, je demande à mes clients comment ils vont. Après les formalités d'usage sur le temps qu'il fait et l'état général du monde, je répète ma question : « Comment allez-vous, vous ? » Les réponses varient alors en fonction de la météo émotionnelle : fatigue, lassitude au bureau, disputes à la maison, inquiétudes pour les enfants, problèmes de santé ou d'argent… Aucune histoire ne ressemble à une autre. Chacune est unique, personnelle, intime. Et pourtant, quelle que soit leur situation, toutes les personnes qui viennent me voir ont un point commun : *elles se situent toutes au passé.* Leur axe de référence n'est ni dans le présent, ni dans le futur, mais en arrière, dans l'avant, dans ce qui est révolu.

Cela peut paraître étrange : *a priori*, on me consulte pour une problématique bien actuelle, pour clarifier le présent. Il n'en est rien. Dès que l'on creuse sous la surface du discours, mes clients en viennent tous à une conclusion évidente : ce qui les préoccupe vraiment, c'est ce qu'il s'est passé dans leur histoire. C'est l'arrière-plan, les projections inconscientes du passé dans leur quotidien.

Comment fais-je pour m'en apercevoir ? C'est très simple. Au moment où nous nous parlons, la personne n'est pas avec moi. Elle croit me parler, mais elle parle en réalité à son moi passé, à son histoire. Toute sa vie présente est continuellement passée au filtre de ses problèmes, de ses questionnements, de ses blessures. Tout cela, elle le décrit comme « sa vie », mais il ne s'agit nullement d'un point de vue honnête et réaliste sur du présent. Il s'agit de passé. Dès les premières paroles, j'ignore encore où elle se trouve exactement, mais je suis convaincu que ce n'est pas sa vie qu'elle me décrit, mais son histoire.

Aussi, la toute première étape du travail que j'entreprends dans mon cabinet est cruciale : il faut prendre conscience que la plupart d'entre nous vivent au passé, et que la vie, *la vraie vie, se déroule ici et maintenant*. Pas dans les méandres du mental, pas dans le dédale du passé. *Ici et maintenant*. Avec le moi d'aujourd'hui. Sans cette validation, il ne peut y avoir de progrès significatif. On ne peut tout simplement pas aller mieux.

Le passé et l'avenir sont des conceptions humaines. Au fond, ils n'ont qu'une réalité relative. En reliant les émotions que nous ressentons, ils nous donnent l'impression d'être la même personne et effacent un peu l'impermanence du monde. Comme concepts, ils nous soignent de l'angoisse de vivre…

Prenons un exemple. Quand nous évoquons un souvenir – disons un moment délicieux avec nos grands-parents au bord de la mer –, nous en ressentons douceur et nostalgie. Le goût des glaces de l'époque était unique, les moments passés trop vite disparus. Où sont-ils maintenant ? Nulle part ailleurs que dans notre mémoire. Ce retour en arrière nous fait croire que les événements sont passés. C'est vrai, ils ont existé. Mais en réalité, au moment où ils se sont réalisés, c'était le présent ! C'est notre mémoire émotionnelle qui les maintient dans ce que nous nommons le passé. Cependant tout cela n'existe plus vraiment : nous ne sommes plus la même personne, nous n'avons plus les mêmes goûts… et j'ose même affirmer que lorsque nous nous souvenons, c'est avant tout notre présent qui investit des moments passés.

Pourtant, dans bien des cas, ce passé prend le pas sur notre présent, il nous hante. Non seulement les souvenirs affluent, mais notre état émotionnel se nourrit d'événements passés qui finissent par dicter notre conduite. À partir de là, quand quelque chose de nouveau arrive dans le présent, nous le considérons à l'aune du passé, et cet état d'esprit conditionne complètement notre réaction. Au lieu de nous inventer, nous répétons des mécanismes, et c'est alors que nous nous identifions à nos réactions et que nous créons une personnalité presque factice.

Il en va de même pour le futur : il n'existe tout simplement pas. Laissons tomber tous les films de science-fiction qui nous font croire que le temps tourne en rond, qu'on peut prédire ce qui arrivera ou que tout est déjà écrit… Ce sont des superstitions. Tout ce que nous pouvons dire, en vérité, c'est que lorsqu'un nouvel événement arrive « dans l'avenir », son occurrence ne peut se produire qu'au présent. Le futur n'existe que tant qu'il est là, *ici et maintenant*.

Quand nous prévoyons un mariage pour le mois de septembre et que nous sommes en février, nous voyons l'événement au futur. C'est un projet, une construction mentale. Rien de tout cela n'est réel. Encore une fois, ce mariage n'aura d'existence qu'au moment de sa manifestation, c'est-à-dire au présent. Toutefois, l'anticipation et la projection sont des forces si envahissantes que nous sommes capables d'organiser toute notre vie présente en fonction de cet avenir qui n'est pas.

Le constat est sans appel : au lieu de se manifester comme des *êtres de présent*, la grande majorité des gens est maintenue par des réflexes et des conditionnements qui leur viennent du passé et ne cessent de se projeter dans l'avenir. Ils sont coincés entre hier et demain et, dans leur vie, il n'est presque jamais question d'aujourd'hui. Cette confusion générale est la cause de grandes souffrances, car elle nous maintient dans un temps illusoire.

Il n'y a pas d'autre temps que le présent. Si vous n'êtes pas heureux au moment où vous lisez ces lignes, c'est que vous n'êtes pas ici et maintenant. Vous vous trouvez dans une autre galaxie. Comme au cinéma, où les héros sont perdus dans le temps.

J'ajoute ceci : le présent n'est ni heureux ni malheureux. *Il est*. C'est la couleur que nous mettons sur ce moment précis qui détermine notre humeur. Le passé et l'avenir n'ont donc rien à voir là-dedans, sauf par une forme d'habitude et de mauvaise foi de notre part.

Cette prise de conscience est essentielle. Elle marque le début de tout protocole, un début sans lequel rien ne peut être accompli. Car le point de départ de tout changement, c'est de s'arrêter vraiment et de réaliser que rien d'autre n'existe que nous-mêmes ici et maintenant. Nous sommes le fruit d'une histoire, certes, d'une généalogie, et ce que nous manifestons aujourd'hui comme étant « nous » est dans une certaine mesure la réalité. Mais c'est surtout le reflet de ce que nous avons vécu. Ne vous laissez pas entraîner dans cette logique, car elle vous maintient dans un carcan infernal. Nous ne sommes pas notre passé, nous ne sommes pas notre histoire !

Le temps présent n'a pas de couleur particulière. Il est. Tout le reste, c'est l'interprétation. Il y a les faits (ce qu'il se passe en ce moment) et l'histoire que nous nous racontons par rapport à eux. Une histoire que nous entretenons, que nous cultivons sans nous en rendre compte. C'est notre psychodrame personnel. Tout le monde en a un. Et l'on peut s'en libérer.

Lao Tseu disait :

« Si tu te sens dépressif, c'est que tu vis au passé.
Si tu ressens de l'anxiété, c'est que tu crains l'avenir.
Si tu es en paix, c'est que tu es au présent. »

Je vous suggère d'inscrire cette phrase au fronton de chaque porte de votre maison. Elle résume à elle seule toute la métaphysique du temps.

Nous sommes bien autre chose que la somme de tout ce que nous avons vécu. Nous pouvons à tout moment quitter les chemins d'hier et en emprunter de nouveaux. Notre première leçon consistera à comprendre que ces temps que nous considérons comme réels ne sont rien d'autre qu'une vue de l'esprit. Ils n'ont d'existence que celle que nous leur accordons. En ressassant des événements passés, nous dilapidons notre énergie dans ce qui n'existe plus. En craignant pour notre avenir, nous répétons le passé et nous gâchons le présent.

De tout cela il résulte que, devant une situation donnée, nous n'agissons pas consciemment. Nous répétons sans le vouloir des schémas anciens, hérités de notre enfance. Nous pensons créer du nouveau, mais nous ne faisons que réagir, c'est-à-dire agir de nouveau, de la même façon, encore et encore. Les mêmes causes produisent les mêmes effets, comme le chien de Pavlov qui réagit aux stimuli de son maître. Dans tous les cas, nous ne sommes pas là. Nous sommes comme l'ombre de nous-mêmes au présent.

Une dame d'une cinquantaine d'années est venue un jour me consulter pour recevoir des messages de sa mère décédée. Elle ne parvenait pas à digérer cette séparation tragique. Elle nourrissait un profond sentiment d'injustice d'avoir été abandonnée. Sa mère, âgée, disait elle-même qu'elle ne serait pas éternelle et qu'il faudrait s'attendre un jour ou l'autre à ce qu'elle s'en aille. Qu'importe ! L'idée de la séparation restait insoutenable. Les deux femmes étaient inséparables et ne faisaient rien l'une sans l'autre. Aussi, à la mort de sa mère, le deuil avait été un vrai calvaire pour ma cliente.

La séance a été riche en émotions. Pleine de gratitude, cette femme a reconnu sa mère dans les détails que je lui fournissais. Elle a pu dialoguer avec elle et s'en aller, apaisée. Elle repartait avec la certitude que sa maman allait bien et qu'elle veillait sur elle. Quelques mois plus tard, pourtant, cette dame m'a sollicité pour un accompagnement spirituel. Malgré tous ses efforts, les souvenirs hantaient son quotidien et elle ne pouvait faire son deuil. Elle luttait contre des moulins à vent, car elle le savait : rien ne lui rendrait sa mère. Elle avait conscience d'être jouée par son mental blessé. Mais un profond sentiment de mélancolie s'était emparé d'elle, sans qu'elle puisse s'en défaire. Elle cherchait sa mère partout, elle lui parlait à voix haute, mais n'entendait rien. Silence radio. Sa mère l'avait quittée, il fallait se faire une raison.

Après une première discussion, j'ai fait comprendre à ma cliente qu'elle ne vivait pas au présent. Toute son attention était concentrée sur son passé. Elle imaginait ce que sa mère ferait ou dirait dans telle ou telle situation. Elle revisitait compulsivement des lieux de sa mémoire pour s'en imprégner. Elle voyait tout à travers le prisme maternel et non avec son regard à elle. En bref, elle fuyait le moment présent. Et c'est cela qui la rendait malheureuse.

Je lui ai alors dit : « Votre mère est partie pour l'éternité. C'est un fait. Mais l'éternité, ce n'est pas dans un milliard d'années. L'éternité, c'est maintenant. Dans l'autre dimension, il n'y a ni temps ni espace. Il y a l'Être. Si vous cherchez votre mère, ressentez sa présence maintenant. Ne partez pas de votre blessure, ne cherchez pas dans le passé, vous n'y trouverez que des ossements et de la poussière. Voyez-la présente en toute chose, ici, là, maintenant. Dans la fleur, dans la brise, dans la pluie. Humez-la, respirez-la. Car c'est là qu'elle se trouve. Et elle vous aime éternellement. »

Ces mots ont résonné en elle comme un appel du fond des âges. Une force nouvelle s'est répandue dans son cœur. C'était une révélation, qui a permis d'engager toute la suite du processus d'accompagnement.

Le passé et l'avenir sont des schémas imaginés par notre mental, mais ils n'ont pas de réalité. Que nous ressentions parfois de la nostalgie ou un manque est tout à fait normal. Ce sont des émotions qui surviennent à certaines occasions. Ne vous y opposez pas. Au contraire, acceptez-les. C'est notre corps qui répond à une sollicitation : une chanson, un film, une odeur, une situation activent notre mémoire. Convenez-en, mais n'en faites pas une histoire, car votre histoire se vit maintenant.

Il n'est pas non plus « interdit » de se préparer pour des événements, d'envisager la construction de notre maison ou de changer de travail. Ces désirs sont légitimes, c'est la vie qui nous pousse à évoluer. Mais quand vous vous projetez, tâchez de toujours rester centré autour de ce que vous êtes *maintenant*, dans votre énergie présente. Le penseur latin Sénèque disait : « En prévoyant demain, aujourd'hui se perd. » Ne gâchez pas le présent, ne consommez pas les ressources qui vous permettront de vivre demain.

CLÉ DE TRANSFORMATION

Tout se construit aujourd'hui. La véritable sagesse consiste à vivre au présent. Partez de là : c'est votre centre de gravité. Vous constaterez un changement radical dans la qualité de votre énergie. Une inquiétude maîtrisée, un sentiment de disponibilité pour ce qui arrive, pour tout ce qui est.

Vous lisez ce livre. Consacrez-y donc toute votre attention. Même si ce n'est que quelques lignes, soyez tout à fait présent à votre lecture. Ne vous laissez pas distraire par ce qui se passe au-dehors, car vous quittez alors le présent. Si vous recevez la notification d'un message sur votre téléphone, ne vous jetez pas dessus. Restez dans la ligne où vous vous êtes engagé. Sinon le temps faux va reprendre le dessus, et vous serez déjà ailleurs, au moment d'après… qui n'existe pas.

Le présent, c'est l'absence de temps. C'est le sens de la « vie éternelle » dont parle la Bible. L'éternité n'est pas pour hier ou pour demain, ce n'est pas la fin chronologique des temps : c'est l'abolition du temps.

L'éternité, c'est maintenant.

Comprenez-le et demandez-vous régulièrement, au cours de la journée, dans quel temps vous vous trouvez. Si vous vous surprenez à ruminer ou à faire des plans sur la comète, c'est que vous avez quitté le présent. Peut-être votre quotidien est-il fade, ennuyeux, sans relief ? Partez de là, n'essayez pas de vous en échapper. Accueillez ce que vous vivez, au moment où cela se produit. Vous serez surpris de tout ce temps que vous passez à vivre ailleurs, le plus souvent dans votre tête. Répétez ce petit exercice tous les jours, plusieurs fois par jour. Et doucement, ramenez votre attention à ce que vous faites en ce moment même. Au début, cela vous semblera rébarbatif. Ne vous découragez pas. Remarquez que votre attention s'est déplacée dans un temps imaginaire.

Le temps n'a rien d'absolu. Il est même tout à fait relatif. C'est ce qu'Einstein a prouvé. C'est la vision que nous en avons qui détermine sa nature, sa dimension. Et cette dimension est psychologique. Elle dépend de notre état d'esprit. Le temps ne s'écoule pas de la même manière, que nous soyons confortablement installés dans notre canapé ou que nous nous trouvions sur le fauteuil du dentiste ! De la même manière, il n'est pas le même si l'on vit au présent ou si l'on se projette continûment dans le passé et le futur.

Cela peut paraître terre à terre, mais c'est fondamental : si vous passez l'aspirateur, passez l'aspirateur. Point. Soyez là, et pas encore au bureau ou déjà au supermarché. Prenez conscience d'être ici, dans les tâches les plus basiques du quotidien. Quand vous vous maquillez ou arrangez votre coiffure, ne pensez pas à la vidange de la voiture ou à la facture d'électricité. Que chaque geste que vous accomplissez soit l'occasion de vous ancrer dans le présent. Au lieu d'être des corvées, les tâches domestiques se transformeront en joie. Une joie simple d'être là, investi dans votre action. Chaque moment succédera au suivant avec une plus grande confiance dans la vie. J'appelle cela « être aligné ». L'énergie que vous déployez dans des calculs sans fin nuit à votre état vibratoire. Ramenez donc tout au présent, le plus possible.

RITUEL

« Paic Citron »

Ce rituel a pour objectif de vous ramener au moment présent par des gestes très simples. Je l'ai appelé l'effet « Paic Citron » du nom de la célèbre marque de produit vaisselle. Je l'ai expérimenté et l'utilise encore lorsque mon esprit tend à quitter la terre ferme...

Rendez-vous à la cuisine et récupérez de la vaisselle destinée à être lavée. Plutôt que de la mettre en machine, réservez quelques assiettes, bols ou couverts pour les nettoyer à la main.

Ouvrez le robinet d'eau.
Laissez couler un filet sur vos doigts pour trouver la bonne température.

Prenez conscience de l'eau qui passe sur vos mains et tombe dans l'évier.

Décomposez les étapes au maximum : saisissez le bidon de liquide vaisselle, exercez une légère pression pour utiliser la quantité de produit désirée. Soyez tout à fait attentif à ces gestes simples, ils méritent toute votre attention.

Puis, à l'aide d'une éponge,
commencez par nettoyer un par un les ustensiles.
Chacun de ces mouvements requiert toutes
vos facultés d'observation. Rien d'autre ne se passe
que ce moment précis, et ce que vous faites maintenant.
Ressentez dans cet acte ordinaire la densité
du moment, appropriez-le-vous.

Une fois que vous avez fini le nettoyage,
posez délicatement et avec attention
les différents bols, assiettes ou couverts sur l'égouttoir,
comme s'il s'agissait d'un matériel précieux.

Si vous utilisez des gants de ménage,
sentez la matière synthétique qui protège votre peau.

Une fois ce rituel terminé, repartez à vos autres occupations
avec la même présence à ce que vous faites.

Tous ces petits gestes en apparence insignifiants
vous ramènent irrésistiblement au moment présent
et vous procurent un sentiment de sécurité et de liberté :
vous êtes ici et maintenant.

JOUR 2

Lâcher prise

« Beaucoup d'entre nous pensent que tenir le coup rend plus fort ; mais parfois c'est le fait de lâcher prise. »

HERMANN HESSE

Puisqu'il n'y a rien d'autre que le présent, toute préoccupation est inutile, d'autant plus si l'on ne peut pas intervenir immédiatement, et de façon concrète, sur la réalité qui se trouve devant nous ou en nous. Ce doit être notre boussole : si nous sommes ici et maintenant, il ne peut y avoir d'inquiétude. Les circonstances extérieures changent, mais nous restons ancrés. Rien ne nous fait plus dévier de notre trajectoire.

Cette ligne de conduite a beaucoup aidé une de mes clientes. En attente de greffe, elle vivait au jour le jour, espérant à chaque instant l'appel de l'hôpital. Quand allait-elle subir cette opération du rein ? Constatant que son angoisse atteignait son paroxysme, je lui ai proposé de faire de ce temps d'attente un temps de Présence. C'est-à-dire de se mettre dans un état d'esprit et de rester dans une attitude d'ouverture à tout ce qui est, en se projetant le moins possible. L'approche que je lui ai enseignée ne lui a pas été seulement profitable avant son opération : des années plus tard, alors qu'elle avait recouvré la santé, cette dame m'a avoué qu'elle l'utilisait encore, dans les moments de stress comme dans sa vie de tous les jours.

Je ne vous apprends rien : certaines personnes perdent littéralement la raison lorsqu'on leur annonce une mauvaise nouvelle, par exemple que leur vol est annulé. C'est alors un esclandre à l'aéroport ; elles se déchaînent sur les employés de la compagnie aérienne et deviennent incontrôlables. Tout le monde a déjà vu de telles personnes piquer des crises de nerfs parce que la circulation était bloquée, ou dans toute autre situation où la réalité semble « résister » à leur volonté… Si vous vous retrouvez en pareil cas, regardez les choses telles qu'elles sont. Votre vol a été annulé, la route est bloquée… Soit. Voyez ce que vous pouvez faire, ce qui est en votre pouvoir pour agir sur les circonstances qui dépendent de vous. Et si vous arrivez en retard, ou si vous devez rentrer chez vous ou dormir à l'hôtel, tant mieux ! Que cette nouvelle réalité soit la vôtre. Plutôt que de lui résister, remettez-vous-en à elle : appropriez-vous-la et remerciez le Ciel de vous l'avoir envoyée. Dit plus sobrement : acceptez la situation telle qu'elle est, ici et maintenant. C'est ce qu'on appelle le lâcher-prise.

La plupart des gens s'accrochent coûte que coûte à ce qu'ils anticipent de l'avenir, comme le chien à son os. Mais cette attitude ne fait qu'empirer les choses, car dès qu'ils sont déviés par un aléa extérieur (et cela arrive très souvent), ils s'énervent, agissent brusquement. Cet exemple vous parlera, car nous l'avons tous vécu. Vous voici en train de courir parce que vous êtes pressé. Cependant vous avez un lacet défait. Deux choix s'offrent à vous : soit vous vous excitez et alors il sera difficile d'effectuer un nouveau nœud et vous vous y reprendrez à trois fois, perdant du temps et pestant contre le sort ; soit vous accepterez ce qui est et vous prendrez alors le temps qu'il faut pour vous concentrer sur cet imprévu, qui aura à peine perturbé votre réalité. Dans un cas comme dans l'autre, votre lacet devra être renoué ; mais dans le premier, vous vivrez la situation avec colère, alors que dans le second, ce sera avec calme. Élargissez-le maintenant à tous les événements qui peuvent nous arriver dans une vie, et vous verrez que cet exemple n'est pas si anodin. En deux mots : *lâchez prise* !

J'aime raconter l'histoire du Mahatma Gandhi. Quand ce sage est entré dans l'histoire, cela faisait presque deux cents ans que l'Inde subissait le joug britannique. Jeune avocat formé en Grande-Bretagne, le futur Mahatma se mit, dans l'entre-deux-guerres, à encourager la désobéissance civile. Les fermiers, notamment, vivaient dans une extrême précarité. Sous l'impulsion de Gandhi, ils entreprirent de se révolter contre les conditions de commerce et les taxes infamantes imposées par l'envahisseur. Mais cette lutte ne se fit pas, contrairement à d'autres, dans le combat et les armes, car Gandhi, en grand meneur d'hommes, prônait en tout et pour tout la non-violence. Il était opposé à l'usage de la force pour faire passer son message. C'était un pacifique, mais pas inactif ! Les foules qu'il drainait dans son sillage prirent un tel essor que l'Empire britannique, dos au mur, dut se résigner à quitter le territoire.

L'œuvre du grand homme nous prouve une chose : accepter ce qui est ne veut pas dire ne rien faire ! Cela signifie plutôt partir de ce que l'on est ou de ce que l'on a pour faire changer les choses. Dans le cas de Gandhi, les Indiens ont pris conscience du pouvoir qui était le leur : s'ils arrêtaient de travailler, s'ils désobéissaient en masse, ils créeraient assez de désordre dans l'administration et l'économie pour triompher.

Accepter, donc : non pas renoncer à agir, mais rendre les armes lorsqu'on ne peut pas faire autrement, inventer de nouvelles solutions et les mettre en œuvre avec patience.

La libération de l'Inde ne s'est en effet pas accomplie en un jour. Elle est le résultat de combats, de négociations, de renoncements et de mille et une petites victoires. Au bout du compte, l'intuition de Gandhi aura lentement, mais sûrement porté ses fruits. Aussi injuste que nous paraisse une situation, nous ne devons ainsi jamais l'envisager sous l'angle de la violence ou de la colère. Car en réagissant de la sorte, nous donnons les rênes à notre ego et nous risquons à tout moment de faire les mauvais choix, tout en nous rendant nous-mêmes malheureux.

Dès lors, quand une situation est bloquée et que vous ne pouvez rien y faire, abdiquez. Toute résistance est inutile. Je parle ici d'une résistance mentale, celle qui nous pousse à juger et à partir en guerre. N'envenimez pas une situation en y mêlant un ego inquiet ou blessé. Si nous ne pouvons intervenir sur des circonstances matérielles, c'est que nous devons abandonner notre inquiétude. Elle ne fait qu'accroître notre stress et obscurcir notre jugement. Des histoires banales se muent souvent en drames parce que les gens y placent pêle-mêle tous leurs affects et que ces affects sont mauvais.

Je me rappelle la première retraite de l'Éveil de l'âme que j'ai animée. Avec ma complice, nous revenions de Normandie après avoir accompagné un groupe de participants pendant deux jours intenses. Heureux mais fatigués, nous ne boudions pas notre plaisir à l'idée d'être bercés par le roulis du train. Mais au moment d'arriver à la gare, déception. Je découvre, au milieu d'une foule agitée, que les trains pour Paris ont été reportés ou annulés. Dans le meilleur des cas, nous arriverons à la capitale à une heure avancée. En attendant, les rares sièges dans le hall sont pris d'assaut et il n'y a pas un café ouvert alentour. Alors que les gens vont et viennent dans tous les sens, anxieux et en colère, je me retranche pour ma part à l'écart du tumulte et je prends une grande respiration. À quoi bon céder aux émotions néfastes ? Pourquoi lutter contre un état de fait qui ne dépend pas de moi ?

Informations prises, il ne me reste plus qu'à emprunter un autre itinéraire ou patienter jusqu'au lendemain. Soit. C'est alors que je perçois, au milieu du brouhaha, une voix de femme qui essaie tant bien que mal de se faire entendre. Elle propose deux places dans sa voiture pour rejoindre Rouen. De là, les Parisiens égarés pourront regagner leurs pénates.

Aussi fou que cela puisse paraître, personne ne l'écoute ! Les voyageurs déçus sont tellement « englués » dans leur charivari intérieur qu'ils se sont coupés de la réalité. Mais moi, qui ai pris de la distance, je peux entendre l'occasion qu'on m'offre de partir. La Providence est de mon côté : non pas parce qu'elle me préfère à un autre, loin de là, mais parce que j'ai su être attentif à elle. Je m'approche alors de la dame. Appelant ma compagne de voyage, je saisis l'opportunité, et nous voici déjà en voiture ! Aurais-je pu profiter d'une telle chance si mon esprit avait été encombré ? Si j'avais cédé à l'affolement général ? Probablement pas. Tout ce que j'y aurais gagné, c'est de me défouler un bon coup : ensuite, la situation aurait été la même, moins toute l'énergie que j'aurais perdue par mon énervement. Comme un animal qui a trop lutté contre ses barreaux, je me serais renfrogné, et j'aurais sans doute eu bien de l'aigreur le lendemain. En attendant la prochaine crise…

L'univers nous invite à prendre la mesure des débordements inutiles. À quoi sert-il de se révolter, si nous ne pouvons rien changer, dans le présent, ici et maintenant, à la réalité ?

Un jour, j'ai suggéré à une cliente terrorisée par l'inaction climatique qu'elle pourrait s'investir dans des missions locales. Elle aurait l'occasion de se sentir utile et de servir une cause juste. Elle m'a répondu (un peu vertement) que cela ne servirait à rien. La tâche était trop grande et, de toute façon, elle n'avait pas le temps. Mais dans ce cas, pourquoi se plaindre et pourquoi avoir peur ? Quelle utilité, quel emploi immédiat sur le réel auront de tels sentiments ? « Ils n'en auront aucun et ne serviront qu'à m'épuiser », m'a-t-elle répondu.

Tant de personnes réagissent à chaud devant un spectacle qui les choque, une barbarie, une injustice. Oui, le monde est violent et le sens de l'histoire nous échappe. Mais combien passent à l'action ?

Combien s'engagent ? J'irai même plus loin : chez de nombreuses personnes, surtout dans nos sociétés où la colère est devenue, sur les réseaux, une véritable pratique sociale, les sentiments de (pseudo-)révolte ne servent qu'à se dédouaner, sur les autres, de leurs propres responsabilités. « Si je ne fais pas *ceci*, c'est parce que le monde est *comme cela*... » Combien de fois l'ai-je entendu ? Mais quelle mauvaise foi ! Se mentant à elles-mêmes, ces personnes utilisent inconsciemment les circonstances pour dissimuler leur mal-être et éviter d'agir.

Aussi, au lieu de vous agiter face à des situations sur lesquelles vous n'avez pas la main, abdiquez ! C'est ce qu'enseignent les maîtres zen ou les sages stoïciens de l'Antiquité. Si vous êtes par exemple en désaccord avec votre patron ou avec votre collègue de travail, exprimez-vous posément et sans animosité. Puis passez à autre chose. N'accusez pas l'autre, ne rentrez pas dans un schéma où vous seriez la victime et l'autre le bourreau. On peut exprimer une mésentente sans déclencher une nouvelle guerre mondiale.

CLÉ DE TRANSFORMATION

La leçon de ce deuxième jour est donc la suivante : faites tout ce que vous pouvez matériellement face à une situation donnée, ici et maintenant et, pour le reste, lâchez prise. C'est cela, le véritable détachement. Je ne vous dis pas d'abandonner. Je vous enjoins seulement d'apprendre à décrocher de ce que vous ne pouvez maîtriser pour le moment. Demain est un autre jour. Réglez ce que vous êtes en mesure de régler et évacuez le reste. Cela est valable dans tous les domaines de la vie. Vous vous posez des questions sur votre santé ? Prenez rendez-vous avec le médecin, faites des analyses et attendez les résultats patiemment. Ne ruminez pas en fantasmant une catastrophe. « Demain s'inquiétera de lui-même », dit le sage.

Si nous attendons qu'une situation se débloque pour être en paix, nous risquons d'attendre longtemps ! Car même si l'histoire qui nous préoccupe vient à se régler, d'autres événements nous mettront plus tard au défi. C'est la vie. Elle semble prendre un malin plaisir à nous envoyer des épreuves. Mais ce n'est pas sa faute. La vie se contente de suivre son cours, avec ses moments heureux ou malheureux, et elle ne cesse d'être ainsi qu'au moment de la mort. *Ce n'est donc pas la situation qui est en cause, mais notre réaction face à cette situation.* Une fois que nous aurons compris cela, nous ne serons plus inquiets pour l'avenir. C'est cela, la vraie maîtrise de soi.

Les gens disent : « Quand j'aurai réglé mon divorce, je pourrai faire de nouvelles choses. » Ou bien : « Le jour où je trouverai un nouveau travail, je serai enfin heureux. » Mais en raisonnant de cette façon, ils placent la charrue avant les bœufs. Ils s'en remettent à des conditions extérieures pour être en paix, alors que tout est là, devant eux ! Il suffit de tendre le bras pour cueillir la vie.

Notre disposition intérieure est la seule sécurité possible. Pour ne jamais être déçu, n'attendez pas que les planètes soient alignées pour faire la paix avec vous-même et avec le monde. Car la paix véritable vient de Dieu. Elle s'établit en vous.

En réalité, tout va bien !

RITUEL

Du lâcher-prise

Partez de là où vous vous trouvez.
Quelles sont vos préoccupations actuelles ? Les plus brûlantes ?
Notez-les, mettez des mots sur ces inquiétudes.
Le fait de coucher sur papier vos préoccupations vous permet de prendre de la hauteur. On ne mesure pas l'impact de l'écriture. Les pensées vont et viennent de manière anarchique. Écrire vous permet de distinguer la réalité du fantasme, c'est-à-dire de vos inquiétudes et de vos projections.

Une fois que c'est fait, posez votre stylo, refermez votre cahier et allez faire un tour. L'idée est de penser à autre chose. Faites sortir le chien, arrosez les plantes du balcon, toute activité simple qui ne demande pas de réflexion est bonne à prendre.

Ensuite, revenez à votre cahier.
Les préoccupations vous semblent-elles les mêmes ?
Si c'est le cas, voyez ce que vous pouvez faire maintenant.
Quelle réponse immédiate pouvez-vous donner ?
Tout ne pourra pas se résoudre dans l'instant, aussi, notez dans votre agenda les étapes nécessaires. Par exemple, si votre banquier est en congé, faites part de vos questions à son collègue et prenez date pour un rendez-vous.
Il peut également s'agir d'un comportement déplacé d'un de vos proches que vous ne parvenez pas à exprimer.

Dans ce cas, imaginez-vous en train de lui parler. Que pourriez-vous lui dire maintenant qui soit fidèle à votre pensée sans pour autant le blesser ? Parlez à voix haute comme si vous étiez en face de cette personne. Que ressentez-vous ? Répétez les phrases clés que vous voulez retenir, comme une leçon.

Puis trouvez le moment opportun pour entamer la conversation. Si ce n'est pas le bon moment, vous en trouverez un autre. Pour ce qui est de maintenant, vous avez préparé ce qu'il faut. N'y pensez plus ! Vous avez accompli ce qui était en votre pouvoir. Le reste ne dépend plus de vous.

Utilisez ce rituel chaque fois que vous vous sentez inquiet ou nerveux sans raison.

JOUR 3

Faire le vide

« Le vide est tout-puissant,
car il peut tout contenir. »

OKAKURA KAZUKO

Voici donc les deux premières pierres de notre édifice : le présent et le lâcher-prise. En nous recentrant sur nous-mêmes, ici et maintenant, nous nous apercevons qu'en réalité, tout va bien. Nous laissons circuler, disparaître l'angoisse. Tant que nous n'agissons pas, rien ne sert d'anticiper ni de céder à la projection. Il faut accepter le flot de la vie, et plutôt profiter des instants qui nous sont concédés.

Avançons dans notre pratique. Nous cherchons à élever notre fréquence vibratoire. Une nouvelle étape se présente, tout aussi indispensable que les deux premières. Elle consiste à faire le vide. Qu'est-ce que cela veut dire ? Cela signifie faire abstraction du monde qui nous entoure. Il ne s'agit pas d'un don qui serait inné, mais d'une faculté et comme toutes les facultés, celle-ci peut s'apprendre avec un peu de volonté et de patience.

Nous la possédons d'ailleurs naturellement : ne vous est-il jamais arrivé de vous plonger si profondément dans vos pensées que le monde disparaissait, ne fût-ce qu'un instant ? N'avez-vous jamais dormi d'un sommeil sans rêve au cours duquel votre cerveau ne pense pas ? Les enfants ont cette étonnante capacité à s'endormir alors que, tout près d'eux, la fête bat son plein. Ils bâillent et s'endorment sans difficulté parce qu'ils sont habitués à se dissocier de ce qui les entoure. Avec l'âge, cette capacité, cette habitude s'amenuisent, mais elles sont là, et il ne tient qu'à nous de les réveiller.

Pourquoi les enfants y parviennent-ils mieux que nous ? Tout simplement, je crois, parce qu'ils ne songent pas au lendemain. Épargnés par les angoisses du quotidien qui sont le lot des adultes – les deuils, les dettes, les échéances… –, ils savent rester dans le présent et s'aligner avec leurs désirs profonds. Mais n'anticipons pas. Pour le moment, il s'agit d'apprendre à faire le vide en soi-même.

Faire le vide, c'est déconnecter le mental.

Il n'est pas aisé, surtout au début, d'effectuer cette démarche. Les sollicitations extérieures sont nombreuses. Partout les écrans, les lumières agressives, les informations créent une atmosphère assourdissante. Celle-ci est amplifiée par les réseaux sociaux qui forment une chaîne de stimuli ininterrompus. La société thermonucléaire dans laquelle nous vivons apporte en plus une multitude de bruits de moteurs, de cliquetis, un tintamarre permanent qui inonde notre cerveau, et qui ne semble s'arrêter que quelques heures dans la nuit. Et pour couronner le tout, nous devons déjà lutter contre les petites voix intérieures qui nous déconcentrent ! Bref, il est extrêmement difficile de se mettre en retrait, tant la force d'attraction du monde est grande.

Faire le vide en soi, c'est faire l'expérience du silence.

Le silence extérieur, certes, mais également le silence *intérieur*, qui reste sans doute, en dépit de tout ce que nous venons de dire, le plus compliqué à atteindre. Arrêtez-vous de lire, tentez de méditer et prêtez attention quelques minutes au flot de pensées qui vous viennent en ce moment même. Certaines d'entre elles surgissent de nulle part, elles se présentent et s'en vont de façon anarchique, comme un essaim de moucherons attiré par la lumière. Selon les neuroscientifiques, nous aurions plus de six mille de ces pensées chaque jour, soit pas moins de deux cent cinquante par heure.

Au cœur de ce flux incessant, il y a nos ruminations, ce que nous nous disons et nous répétons à nous-mêmes en boucle. Dans ces moments-là, nous pouvons remarquer qu'il y a deux personnes en nous : il y a « je » et il y a « moi ». Quand tout va bien, ces deux entités se tiennent tranquilles. Nous vaquons à nos occupations. Qu'un obstacle se manifeste et voilà la petite musique qui se met en route. Les doutes nous assaillent, nous n'arrivons pas à prendre une décision… Deux voix se parlent, s'affrontent et sapent notre énergie par leurs bavardages intempestifs. L'une nous accuse, l'autre nous défend. Que nous arrive-t-il ? Nous ressentons un inconfort croissant, et nous nous mettons à nous attaquer nous-mêmes, jusque dans notre identité. C'est que nous venons, sans nous en apercevoir, de nous dédoubler. Il est alors essentiel de nous libérer de cette dualité aliénante.

CLÉ DE TRANSFORMATION

Le vide intérieur est la seule et unique solution. À l'heure de la vitesse et de la pensée magique, je ne saurais trop rappeler le principe suivant : le malheur, comme le bonheur, est *aussi* une question d'habitude et donc de discipline. Nous nous sentons mal parce que nous avons pris l'habitude de céder à certaines pensées, de nous laisser envahir par certaines angoisses. Ce n'est pas une fatalité : avec un peu d'effort, en résistant aux faiblesses et aux facilités, nous pouvons inverser la tendance et construire pierre après pierre un bonheur nouveau.

Vous aussi, vous allez prendre une nouvelle habitude : celle de penser autrement. Il ne s'agit pas de domestiquer les flux entrants et sortants de votre esprit. Vous seriez vite découragé. La pensée a cette caractéristique qu'elle ne peut pas, ou presque, être contrôlée, du moins pas comme on contrôle une voiture ou une grue. L'idée que je vous propose, c'est de *prendre conscience de vos pensées.*

Le vide est l'état naturel du monde. Pourtant, me direz-vous, le monde est rempli d'espèces de toutes sortes, y compris la nôtre ! Tout semble plein, débordant, excessif. Mais les apparences sont trompeuses. Notre corps, par exemple, est une entité matérielle complexe. Au premier abord, c'est un squelette articulé, recouvert de tendons, de ligaments, de muscles et de peau. Les organes qui s'y logent forment une matière dense, alimentée par les réseaux sanguins, lymphatiques et nerveux. C'est une incroyable machine par laquelle nous pouvons nous mouvoir, nous exprimer, rentrer en relation avec les autres… Ce corps, nous le considérons comme une masse compacte. Cependant, aux yeux de la science, il n'en est rien : c'est en réalité un amas d'atomes composés de 99,9 % de vide, tout comme le reste du monde. Que ce soit les êtres vivants, les planètes ou tous les objets qui nous entourent, du crayon à papier à l'immeuble dans lequel nous vivons, tout est en réalité composé, à l'écrasante majorité, de vide. La nature, pour luxuriante qu'elle soit, est un vaste espace libre.

L'espace entre les objets est plus grand que les objets qui l'occupent. Un drôle de paradoxe ! Ce phénomène est également observable dans le ciel. La seule Voie lactée compte plus de deux cent trente-quatre milliards d'étoiles et pourtant, cet espace infini est formé lui aussi essentiellement de vide. C'est ce qu'affirme la physique quantique : « tout » provient de « rien ». Le vide quantique contient une énergie qui engendre, potentiellement, des particules et de la matière.

État naturel de l'univers, le vide est aussi le nôtre. Il s'agit ainsi de nous reconnecter à lui, à ce silence intérieur. Dans notre quotidien, nous pouvons reconnaître facilement les moments où il y a du silence, même au milieu de la foule. Au lever, entre deux rendez-vous, dans les transports, en buvant un café... Toutes les occasions sont bonnes pour prendre une pause et ressentir l'espace en nous et autour de nous. Quand j'ai démarré moi-même ce programme, je me suis appliqué au début à me rendre dans des endroits et à des moments où je ne serais pas dérangé pour ressentir le vide. Je me rendais compte, alors, comme le silence et le calme m'enveloppaient. Je me souviens d'avoir découvert avec beaucoup de plaisir qu'il y avait de l'espace entre les mots ! Oui, de l'espace. Et donc, du vide. Quand j'écoutais une personne qui parlait à côté de moi par exemple, je me suis mis à prêter attention aux pauses qu'elle faisait entre les phrases. Nul ne peut parler sans interruption, sans quoi les conversations seraient un charabia indigeste. Aussi, quand je m'adressais à quelqu'un, je faisais de même. Je considérais mon débit et, volontairement, je le ralentissais. Je prenais le temps de respirer, je me donnais ces espaces de respiration. Ils sont précieux. Les comédiens connaissent bien cette technique.

Au théâtre, les silences apportent tout autant, si ce n'est davantage, que les mots. Ils permettent au cerveau de s'imprégner de l'atmosphère de la pièce et créent de l'attente pour la suite. Encore une fois, nous voyons que l'hésitation et le repos sont bénéfiques ! Demandez aux sportifs de haut niveau. Ils vous diront que le repos (le vide) est aussi important que l'effort. C'est dans le silence (le repos) que le corps reforme la fibre musculaire que l'effort a cassée ou que le cerveau se régénère, enregistre de nouveaux réflexes.

Parmi les autres exercices ludiques que j'ai utilisés, il y a le nettoyage de ma maison. Faire ses tâches ménagères, mettre de l'ordre dans son intérieur procure une grande joie, si, bien sûr, on y est tout à fait présent. Un jour, j'ai décidé de faire un rapide examen de ce que je possédais. J'ai commencé par les vieux vêtements, les anciens jouets que les enfants n'utilisent plus. J'ai repéré ce qui m'était utile et ce qui ne l'était plus. J'ai donné, vendu, recyclé ! En un mot, j'ai *fait du vide*. Je l'ai fait à l'extérieur, et je l'ai fait à l'intérieur. En étant tout à fait conscient d'être là, vraiment présent à ce que je faisais, j'étais dans l'expérience du vide. Et paradoxalement, je me suis senti empli d'une énergic nouvcllc.

L'art du feng shui, d'origine chinoise, réside dans un équilibre subtil entre le fond et la forme, entre le vide et le plein. Faites-en l'expérience. Cela consiste à harmoniser notre cadre de vie avec nos dispositions personnelles, pour augmenter notre bien-être et notre santé. Dans cette idée, revoyez la disposition de vos meubles, de vos objets. Mettez-vous au centre d'une pièce et demandez-vous quel serait son agencement idéal. Cette petite gymnastique est une excellente pratique spirituelle. Faire le vide, c'est aussi faire de la place pour le renouveau.

La méditation, ne serait-ce que quelques minutes par jour, reste la discipline par excellence pour apaiser le mental et faire le vide. C'est une vraie bouffée d'air pur dans un quotidien toujours plus dense. Le matin, au réveil, avant de vous lever, redressez-vous et calez vos oreillers afin d'être dans une position confortable. Prenez quelques respirations profondes en ayant pleine conscience de tous vos membres. Vous sortez du sommeil, vous n'êtes pas tout à fait éveillé : c'est le moment propice pour vous relier à votre corps et à votre esprit. En respirant, observez cette belle lumière qui se déploie sous vos paupières fermées. Mettez une intention en la voyant se répandre en vous et autour de vous. Puis remerciez intérieurement. Si vous connaissez une prière particulière, un mantra, servez-vous-en pour commencer et finir votre méditation. Puis vaquez à vos occupations.

Ce rendez-vous quotidien, et d'autant plus si vous le multipliez, va vous donner l'espace intérieur nécessaire pour augmenter votre fréquence vibratoire, autrement dit accueillir en vous la Présence. L'habitude de faire le vide vous nettoie, au quotidien, et comme le paysan labourant sa terre, elle prépare votre espace intérieur à recevoir de nouvelles vibrations.

RITUEL

Du vide intérieur

Pour ce rituel, vous aurez besoin de crayons de couleur, que vous pouvez aisément vous procurer à la papeterie voisine.

Installez-vous tranquillement. Fermez les yeux.

Visualisez le poids de toutes les pensées, de toutes les émotions qui vous traversent en ce moment même. Qu'il s'agisse de colère, d'inquiétude ou de joie, essayez d'en mesurer la densité. Quelle est l'émotion qui prédomine ? Ne vous hâtez pas, prenez le temps de ressentir intérieurement votre état d'esprit. Comment vous sentez-vous ? Le corps vous fait-il souffrir ? Ou bien avez-vous du chagrin ? Ne cherchez pas les raisons de ces émotions, faites-en le constat et énumérez-les.

Une fois que vous avez identifié l'émotion dominante, ouvrez les yeux. Sur un papier, dessinez trois grands carrés. Choisissez la couleur de l'émotion dominante, par exemple le rouge pour la colère, le noir pour la peur, ou le jaune pour la mélancolie.

Coloriez alors l'intérieur des carrés avec précaution, en mettant l'intention correspondant à votre état intérieur. Prenez ce temps pour projeter sur le papier les ressentis intérieurs.

Une fois cela accompli,
terminez ce rituel en dessinant un dernier carré,
plus grand que les autres. Ne le remplissez pas.
Celui-ci n'aura pas de couleur, si ce n'est celle du blanc.

Observez le vide : ni couleur ni émotions en particulier.
Restez plusieurs minutes sur cet espace devant vous
et nourrissez-vous-en. Voyez ce carré comme un écran vierge
et immaculé. Rien ne peut le ternir.

Terminez en jetant tout simplement votre papier
en ayant conscience d'avoir fait le vide,
de vous débarrasser des pensées intempestives.

Revenez à ce rituel chaque fois que
votre esprit est encombré.

JOUR 4

Contacter sa dimension spirituelle

« Pourquoi la vie spirituelle est-elle devenue presque un luxe, alors qu'il n'y a rien de plus essentiel au monde ? »

CHRISTOPHE ANDRÉ

Toute personne vivant en société a besoin d'un espace qui lui soit propre, « une chambre à soi », pour reprendre les mots de la femme de lettres britannique Virginia Wolf. Ce lieu, c'est celui de notre épanouissement personnel : il n'appartient à personne d'autre que nous et nul ne peut y pénétrer sans notre consentement.

En faisant le vide, nous sommes entrés dans ce que j'appelle, pour ma part, notre « cabinet spirituel ». C'est notre vie intérieure. Elle abrite tout ce que nous ressentons, et la façon dont nous le ressentons. Il s'agit de nos pensées, de nos émotions, de nos joies, de nos peines, de nos espoirs, de nos déceptions, de nos projets… Cela englobe toutes nos réactions à ce qui se passe en nous et à l'extérieur de nous. C'est la somme de tout ce que nous vivons chaque jour, du plus infime détail aux plus grands changements. Ce cabinet spirituel va être la base de votre nouvelle vie, celle où vous saurez vous écouter et vous connecter au reste du monde.

CLÉ DE TRANSFORMATION

Prendre conscience qu'il existe une réalité intérieure et une réalité extérieure procure un sentiment de liberté intense. Vous n'êtes pas réduit à ce que les autres disent ou pensent de vous, ni à une vision diminuée de vous-même : la vie intérieure est faite de vide, et c'est en cultivant ce vide intérieur que vous nourrissez votre âme.

Dans la Chine ancienne, les médecins avaient l'habitude de prendre le pouls de leurs patients au début de chaque consultation. Mais à la différence de la médecine occidentale, les Chinois ne prenaient pas un seul, mais vingt-sept ou trente pouls ! Ils pouvaient ainsi examiner en profondeur les causes d'une douleur ou d'un déséquilibre, et bien souvent anticiper une maladie. Dans les villages reculés où peu de paysans pouvaient se rendre en ville, le recours à la médecine traditionnelle était courant. Mais contrairement à nos systèmes contemporains, le docteur ne faisait pas payer de consultation pour soigner une maladie. *On le payait pour rester en bonne santé.* Il était consulté pour l'alimentation, pour favoriser la fertilité, accompagner les changements de saison, et ainsi de suite. Les médecins traditionnels ne s'attaquaient pas, comme le font les nôtres, aux conséquences (les maladies elles-mêmes), mais aux causes. Ils remontaient à la source du mal pour prévenir. Dans cette logique, la pratique du pouls chinois, vingt-sept ou trente fois d'affilée, permettait de sentir les infimes changements qui avaient lieu dans le corps des patients, et d'anticiper ainsi, très longtemps à l'avance, de possibles maladies.

Boudée par la médecine occidentale, cette méthode de prophylaxie a perduré ici et là jusqu'à aujourd'hui, notamment dans les cabinets d'acupuncture. Sa mesure se prend dans des « loges » : à main droite, elle correspond au poumon, à la rate, à l'estomac et au cœur ; à main gauche, le pouls renseigne sur le cœur et l'intestin, le foie et le couple rein-vessie. Un pouls lent, rapide, profond ou superficiel permet au praticien de détecter des déséquilibres éventuels et de constater l'état général du patient, son niveau d'énergie.

Pourquoi cette référence à la médecine traditionnelle ? Nous avons évoqué, au chapitre précédent, l'importance de faire le vide. Cette vacuité intérieure se travaille, elle ne vient pas spontanément. Au bout de quelque temps, d'abord avec un peu d'effort puis de plus en plus facilement, ce rituel journalier va devenir une seconde nature.

La plupart des gens ne font pas attention à leur respiration, c'est un réflexe machinal, que l'on acquiert dès que l'on vient à la vie. Pour prendre votre pouls spirituel, il convient donc de prêter attention à la chose du monde la plus naturelle et la moins consciente qui soit et, en même temps, la plus vitale.

Considérez la façon dont vous respirez. Votre souffle est-il court ? Long ? Passe-t-il par le haut du buste ou par l'abdomen ? Est-il régulier ? Tant qu'à faire, prenez également votre pouls au poignet : c'est une bonne manière de vous recentrer sur vous-même. En vous focalisant sur vous, vous allez petit à petit vous immerger dans une forme de calme intérieur. Inspirez, expirez lentement, par le bas et de préférence par le nez.

Il faut que cela devienne une habitude. Identifiez ce qui se passe en vous. Voyez vos réflexes face aux différents défis du quotidien. Votre but est d'identifier vos ressentis, de discerner ce qui est du ressort de vos pensées, de vos émotions. Qui est à l'œuvre, vous ou votre mental ? Concentrez votre attention sur votre état intérieur. Il vous renseigne sur vos réflexes, sur les répétitions au cours de la journée.

Attention, il ne s'agit pas de traquer la moindre pensée, la moindre émotion. Ce serait contre-productif. Inutile de tout passer au crible : prenez simplement le temps de visiter votre vie intérieure. Dans l'idéal, prenez une note ou deux. Identifiez sur votre carnet les différents états par lesquels vous passez aujourd'hui et voyez leur récurrence. Vous verrez qu'en très peu de temps, vous en apprendrez énormément sur vous-même et ferez des progrès de géant.

RITUEL

Du pouls spirituel

Ce rituel doit vous aider à prendre conscience de votre état intérieur.

Arrêtez-vous et prenez quelques profondes respirations. La respiration abdominale est un outil précieux. Elle permet de vous calmer et de vous recentrer. De revenir au moment présent, en particulier dans les situations où vous avez besoin de toute votre énergie. Vous pouvez la pratiquer en tout lieu et à tout moment. Utilisez-la sans modération. En plus de dilater vos artères, la respiration abdominale active le système lymphatique, oxygène votre cerveau et clarifie vos pensées. Vous pouvez la pratiquer assis au bureau, debout en attendant le bus ou dans votre lit avant de vous endormir, et d'autant plus que personne autour de vous ne peut remarquer que vous la pratiquez.

À présent, prenez votre pouls spirituel.

Dégagez votre colonne d'air en prenant quelques grandes respirations. Puis gonflez votre ventre comme un ballon en dirigeant l'air dans vos poumons. Quand vous êtes au maximum de l'inspiration, bloquez quelques secondes avant de relâcher totalement votre diaphragme. Répétez l'exercice deux ou trois fois, pas plus afin d'éviter les vertiges.

Une fois que vous avez fait le vide par la respiration, utilisez ce moment de vacuité intérieure pour questionner votre état général. Que ressentez-vous à cet instant précis ? Quelle est votre humeur ? Quelles sont les émotions et les pensées qui vous traversent ou qui vous préoccupent ?

Notez-les sur un cahier en précisant l'heure et l'émotion correspondante : 11 h 30 = envies de m'échapper ; 13 heures = besoin de souffler ; 14 heures = angoisses pour mon travail ; 16 heures = tranquillité intérieure, etc.

Le pouls spirituel, c'est une photographie de l'état de votre esprit et de votre corps, maintenant. Il n'a pas d'importance *en soi*, mais *par la répétition*. Plusieurs fois dans la journée, la prise du pouls est un recentrage sur vous-même : à ce moment, il n'y a que vous et rien d'autre qui compte ; vous vous réappropriez votre temps et votre espace, c'est-à-dire votre expérience. L'idée n'est pas de vous renfermer sur vous-même ou de vous apitoyer sur une situation, mais de prendre l'habitude de distinguer vos émotions et vos pensées justes de celles qui sont illusoires et le fruit de votre mental inquiet.

JOUR 5

Faire connaissance avec son identité profonde

« La tâche principale de l'esprit est de libérer l'homme de son ego. »

ALBERT EINSTEIN

À ce point de notre cheminement, je suis forcé de faire une petite pause « intellectuelle » et « réflexive » afin de distinguer deux notions. Elles vont nous être d'une grande utilité pour la suite des opérations. Il s'agit du Petit Moi et du Grand Moi. Ces deux entités correspondent pour la première au mental et pour la seconde à l'intuition.

Ce que j'appelle le Petit Moi englobe les activités du quotidien, les tâches que nous accomplissons, les vacances que nous anticipons, les calculs que nous faisons avec notre comptable ou notre banquier, les plans, les projets, les réflexions concrètes. C'est toute la partie pratique, matérielle de notre existence. Avec le Petit Moi, nous nous forgeons des opinions, des règles de vie. En soi, le mental n'est pas gênant. Il est même indispensable dans notre vie quotidienne. Il représente notre part rationnelle. On pourrait le résumer à la célèbre formule de Descartes : « Je pense, donc je suis. » Notre pensée structure le monde de la forme, notre vie matérielle, là où notre corps évolue. Pour construire une maison, nous avons besoin d'établir des plans, de calculer la superficie nécessaire à la construction, de poser des fondations… Tout cela, c'est notre Petit Moi qui l'exécute. Tout ce que nous avons appris à l'école, de l'algèbre à la grammaire, notre mental l'a engrangé. Ce matériau constitue une grande part de ce que nous définissons comme étant notre identité. Le Petit Moi est donc également la somme de tout ce que nous avons appris, notre expérience cognitive.

Lorsqu'il est à sa place, le mental est un outil de croissance formidable. Grâce à lui, on construit des ponts, des machines volantes, on développe des intelligences artificielles. Mais les choses se compliquent lorsque, de serviteur, le Petit Moi se prend pour le maître. Il fait irruption au cœur de nos activités, de nos relations. Il se met à tout rationaliser, tout filtrer, douter de tout. Parce qu'il ne peut pas contrôler l'entièreté de notre monde intérieur, il nous submerge de peur et de mauvaises émotions. Ne comprenant pas ce qui lui arrive quand il n'a pas prise sur toute chose, notre mental se défend, se débat. Et crée de violentes tensions dans notre corps.

Les chocs émotionnels, les mémoires familiales douloureuses sont les grands fossoyeurs du mental. Attaqué, ce dernier se défend et se mue en blessure vivante. Il devient alors un ego et manifeste sa souffrance sous mille et une formes. L'une d'entre elles, très connue, est de faire « payer » les autres pour ses propres blessures. Bien sûr, c'est un comportement compulsif, incontrôlé. Si les gens étaient conscients de leur véritable identité, ils ne se feraient pas de mal. Mais cela n'excuse rien pour autant : quand bien même nous aurions souffert et reproduirions cette souffrance, nous restons responsables de nos actes.

Voyons le cas de Manon, une jeune femme qui est venue me voir l'année dernière, un peu désespérée par ses problèmes conjugaux.

Son compagnon, issu d'un milieu très défavorisé, avait réussi de brillantes études et entamait une carrière prometteuse. Dans la sphère privée, il partageait aisément des moments d'affection. Mais dès qu'il s'agissait d'évoquer sa famille et ses origines, Manon le voyait se renfrogner, jusqu'à devenir agressif. Sa blessure – abandonné par ses parents, il avait grandi chez un oncle colérique – se réveillait dès qu'il devait parler de ce qui le constituait.

Constatant qu'il ne servait à rien de remuer le couteau dans la plaie, comme on dit, Manon a cru bon de ne plus évoquer ces sujets de discorde. Mais ce n'est pas parce qu'on l'ignore que le poison n'a plus d'effet. Avec le temps, leur relation s'est dégradée, et Manon avait l'impression qu'un étranger partageait son lit. C'est que son compagnon faisait peser sur elle sa propre souffrance, plutôt que de l'affronter. Réfugié dans le non-dit, c'est-à-dire la fuite en avant, cet homme blessé était sans cesse rattrapé par ses démons. Une dispute de trop et le couple allait voler en éclats. C'est là que j'ai reçu Manon dans mon cabinet, une première fois seule, puis une deuxième avec son conjoint.

À ma grande surprise, Antoine, c'est son nom, n'a fait aucune difficulté pour venir. En revanche, il était mal à l'aise et semblait avoir du mal à contenir ses émotions. Je lui ai demandé de me raconter ce qu'il sentait pouvoir me dire. Clairement, sa blessure le martyrisait. Il m'a confié qu'il s'était construit autour d'elle, qu'il en avait fait son identité. Impossible de s'en désolidariser. Grâce à elle, il jouissait d'une grande fierté, et même d'un certain orgueil d'avoir réussi. Mais il avait peur. Reparler de ses fractures d'enfance le terrorisait et le mettait sur ses gardes, comme si la parole pouvait en quelque sorte rouvrir les anciennes plaies, le replonger dans les méandres du passé et lui ravir, d'un coup, tout ce qu'il avait acquis de longue lutte.

Après l'avoir écouté, je lui ai fait remarquer qu'il était fort louable d'avoir dépassé les limites de sa condition. Toutefois, sa blessure ne le caractérisait pas. C'était un trait de son histoire, certes, mais pas davantage, et sûrement pas le caractère dominant de sa personnalité.

Sa véritable identité se trouvait non dans l'enfant d'hier, mais dans l'homme qu'il était ici et maintenant. Pas dans un passé révolu, mais dans un aujourd'hui sans cesse recommençant. Ce n'est d'ailleurs pas le propre d'Antoine : c'est notre cas à tous, et nous sommes chacun d'entre nous amenés, un jour ou l'autre de notre vie, à le comprendre.

Il n'est jamais évident de discerner notre histoire de ce que nous sommes à présent. Mais cette distinction est fondamentale pour qui souhaite avancer, c'est-à-dire cesser de répéter les mêmes schémas. Par cette anfractuosité, la lumière apparaît. Si elle est cachée, dissimulée, elle reste inconsciente et dirige notre vie. Elle doit donc remonter à la surface de la conscience pour se passer de frein à moteur de notre vie.

Son ego blessé avait poussé Antoine à se surpasser socialement et professionnellement. Cette compensation avait eu des effets positifs, puisqu'il en avait fait quelque chose : avec sa blessure, il avait créé du nouveau. Mais au fond de lui, Antoine restait cet enfant au cœur estropié. Et c'est celui-là qui réapparaissait dans sa relation amoureuse, souvent propice à dévoiler la part enfouie de nous-mêmes. Cependant, en se dissociant de son passé, en comprenant que ce n'était plus lui cet enfant, mais une personne tout autre qui, en quelque sorte, était morte, Antoine pouvait simplement profiter des fruits de son labeur et les partager avec sa compagne qu'il aimait tendrement.

Plusieurs séances ont été nécessaires à cette prise de conscience. Accompagnées de méditations guidées, de visualisations profondes, nous avons ensemble démonté peu à peu cette identification au passé qui n'avait plus lieu d'être. Aujourd'hui, Antoine va mieux et sa relation avec Manon s'est améliorée. Il parle plus volontiers, sans risque d'être envahi par son histoire. Autrement dit, il a pris du recul sur ce qui, dans son Petit Moi, le tyrannisait.

L'ego souffrant peut causer des ravages. Il n'est que de voir les guerres et les malheurs que s'infligent les peuples au nom de leur identité. Il faut à tout prix faire taire l'adversaire, le tuer, si nécessaire, pour imposer ses vues. Au niveau individuel, tout le monde charrie avec soi une blessure. Mais dans certains cas, celle-ci finit par prendre tant de place qu'elle nous leurre : nous croyons alors *être* notre histoire, notre passé… Notre plaie. Bernard Pivot avait un jeu de mots. Il disait qu'il ne faut surtout pas mettre d'accent sur le « e » d'« ego ». Ce serait un pléonasme, car l'ego met sans cesse l'accent sur lui !

En assumant notre histoire sans la faire enfler inutilement, nous remettons les choses à leur juste place. Oui, il peut avoir existé de grands traumatismes. Oui, ceux-ci ont pu créer de puissants blocages. Mais à la fin, *ils ne sont rien d'autre que de l'histoire*. Nos émotions se sont greffées par-dessus, et notre mémoire les alimente comme un feu inextinguible, parfois même comme un cancer : un amas de cellules inutiles qui finissent par faire dégénérer l'ensemble. Fort heureusement, il n'y a rien de fatal là-dedans :

Avec un peu de temps et de volonté, chacun peut se débarrasser de ce fardeau qui lui pèse.

Mais il faut le vouloir. Une fois les grands secrets de famille découverts, une fois les non-dits pénibles et handicapants révélés, ne vous demandez pas pourquoi votre vie reste la même. Agissez ! À un moment donné, il s'agit de décider soi-même d'aller de l'avant et de lâcher le passé. Car c'est vous, ici et maintenant, qui comptez, et rien d'autre !

Le Petit Moi a toute sa place dans notre vie. Cependant, surveillez-le comme l'huile sur le feu, car trop souvent on est rattrapé par nos blessures. Ne sachant comment les gérer, on les brandit comme des revendications. On les expose sur la place publique et en les exposant à la vue de tous, on les fait d'autant plus exister. Or ce n'est que parce que nous les réactivons sans cesse que les blessures existent dans le présent ; sans notre concours, sans un

Petit Moi un peu masochiste, il faut le dire, ces plaies resteraient à leur place.

La blessure que chacun porte en soi ne doit être qu'un point d'entrée dans la vie spirituelle. C'est tout. Vous devez la percevoir comme un moyen de croître, une énergie potentielle à n'utiliser qu'à condition de ne pas vous laisser happer par elle. Comme Antoine, qui a fini par accepter ce qu'il a subi, étant enfant, nous devons accepter notre passé et nous dissocier de lui, c'est-à-dire lâcher prise et retourner à la vie ici et maintenant. L'histoire ne peut être changée : elle fait partie de nous, et à la fin elle n'est plus.

Vous vous demandez maintenant ce qu'est le Grand Moi. Il s'agit de notre identité profonde et véritable, de ce qui nous définit vraiment. Là où le Petit Moi représente le mental, la rationalité, le contrôle, l'identification parfois maladive, le Grand Moi est la partie immergée de l'iceberg. Celle qui ne se voit pas, qui échappe à l'illusion de la forme, de la matière. Il ne s'aborde pas sous un angle rationnel. C'est le fondement de notre être, de notre structure, de notre ADN spirituel. En un mot, c'est notre âme. Notre part authentique et éternelle.

Notre âme grandit avec notre corps et fait l'expérience de la matière. Cette expérience développe ce qu'on appelle la conscience rationnelle, le mental, le Petit Moi. Quand on meurt, cependant, celui-ci disparaît. Dans l'autre monde, l'âme retrouve son unité, sa pleine liberté. Il n'y a plus d'enjeux, puisque ceux-ci sont du ressort de notre incarnation. Quand on me demande si les défunts sont en paix ou dans la lumière, je réponds toujours qu'ils ne sont plus soumis aux lois de l'ego. Dans le monde invisible, il n'existe plus d'inquiétude ou de colère, de doute ou d'identité, de questionnements. Il y a la Conscience. Cela ne veut pas dire que nos proches disparus sont insensibles à notre condition terrestre. Ils continuent de nous aimer et d'évoluer de l'autre côté. Dans leur dimension, ils ressentent notre fréquence vibratoire et y répondent. Ils savent ce que nous traversons, ce que nous expérimentons ici-bas. Mais ils ne sont pas soumis aux lois de la gravité et de la matière.

Le Grand Moi est notre part d'infini, ce qui nous relie à notre origine.

Il préside à notre naissance et survit à notre mort physique. C'est la Présence en nous. Cette part immortelle cherche à se matérialiser, à s'accomplir sur le plan terrestre. C'est son désir. Et c'est pourquoi nous désirons. Certains viennent ici-bas avec une vieille âme, d'autres commencent un nouveau cycle de réincarnation. Pour cette raison, il n'y a pas deux êtres vivants qui aient une fréquence vibratoire strictement identique.

Le bouddhisme reconnaît deux niveaux de réalité : le samsara, qui est le cycle de naissances et de morts, et le nirvana, qui est la fin de la souffrance, l'éveil de l'âme. Le karma, quant à lui, représente le conditionnement, les actions passées. Se libérer de son karma, ce n'est pas attendre qu'une autre vie succède à celle-ci, c'est au contraire œuvrer dès maintenant à s'affranchir des conditionnements de notre existence.

Vous aussi, vous pouvez dès à présent vous libérer de vos attaches antérieures. C'est un rôle dévolu à votre Grand Moi. L'intuition est là pour vous guider – la petite voix dans l'oreille ! Elle insuffle le désir en vous : celui d'avancer, d'évoluer, de faire de nouvelles expériences, et *in fine* de transcender votre blessure.

On peut ainsi, avec le Grand Moi, opposer un ferme démenti à la formule de Descartes. On ne dira plus « Je pense, donc je suis », soulignant par là même que la pensée rationnelle est à l'origine de la vie. On dira désormais « Je suis, donc je pense », admettant dès lors que la pensée est un outil, jamais un absolu. C'est l'Être qui prévaut, qui produit la conscience, la pensée. Cela veut dire que tout ce qui existe vient de ce que je suis. Ce n'est pas le mental (je pense) qui est créateur, c'est l'Esprit (Je suis). C'est notre essence divine.

Rappelez-vous : l'espace vide ! Il est à l'origine de tout ce qui est, de la manifestation dans la matière. Nos intuitions, nos désirs profonds viennent de là. Le Grand Moi est notre centre de gravité. Sans lui, pas d'étoiles dans le ciel, pas d'espèces sur la Terre. Envisagez le soleil. Il brille d'une infinité de rayons. Vous êtes l'un d'entre eux, vous en êtes une émanation, une part indivisible de son rayonnement. À tout instant de votre vie, vous êtes appelé à rayonner, à vibrer avec la Présence.

Quand Moïse s'est approché du buisson-ardent dans le désert, il a demandé son nom à la Présence mystérieuse qui brûlait devant ses yeux. Il lui a été répondu : « Tu leur diras [aux enfants d'Israël] : Je suis celui qui est. » Autrement dit : Je suis la Présence qui habite et anime toutes choses. Les écrits sacrés, toutes spiritualités confondues, parlent de la montagne comme d'un symbole d'élévation spirituelle. Vous aussi, gravissez votre montagne intérieure. Ne vous fiez pas aux mensonges de votre mental.

CLÉ DE TRANSFORMATION

La clé d'une vie réussie, c'est de se désidentifier de votre histoire, de votre blessure et d'assumer votre « je suis », votre identité immortelle. Vous êtes un être humain. Vous êtes fait d'un Petit Moi et d'un Grand Moi, d'une âme incarnée dans un corps. Ces deux parts sont en vous, ne les opposez pas, faites-en vos alliées.

RITUEL

Incantatoire

Tenez-vous devant votre glace et ouvrez les yeux.

Observez votre reflet, sans jugement, simplement en prenant conscience d'être là. Tout en vous regardant, affirmez, en pensée d'abord, la phrase suivante : « Je suis la Présence agissante, j'en ressens tous les bienfaits. » Répétez cette phrase mentalement à plusieurs reprises, « mâchez-la » intérieurement.

Puis ouvrez la bouche et murmurez la même phrase, comme si vous vouliez confier un grand secret à votre ami le plus proche. Observez le mouvement de vos lèvres. Ressentez la Présence tandis que vous affirmez votre mantra. Rendez cette expérience *réelle, vivez-la*.

Parlez maintenant à haute voix, de façon claire, intelligible et assurée. Affirmez à la personne en face de vous : « Je suis la Présence agissante et j'en ressens tous les bienfaits. » Après une bonne dizaine de répétitions, retournez au murmure.

Enfin, fermez les yeux et continuez à répéter l'incantation mentalement. Au bout de quelques minutes, vous pouvez ouvrir les yeux. Prenez un instant avant de retourner à vos occupations.

Ce rituel vous ancre dans la Présence. Il vous fait pénétrer dans la dimension du Grand Moi, celle de votre énergie divine.

JOUR 6

Bilan de fin de semaine

« La paix ne peut exister que dans le moment présent. »

THICH NHAT HANN

Avec le Petit Moi et le Grand Moi, nous sommes arrivés au terme de la première partie de notre programme d'accompagnement spirituel. J'y ai exposé les bases indispensables à toute démarche qui viserait à augmenter sa fréquence vibratoire et, par là, à réinventer sa vie. Je vous propose donc, après cinq chapitres plutôt chargés, de nous retourner un instant et de considérer le chemin parcouru.

Nous avons découvert que le temps n'existe pas, ou plutôt qu'il n'en existe qu'un seul : le présent, et que le passé et le futur sont une construction humaine destinée à rendre stable un univers par essence fluctuant. Ainsi, tout se passe dans l'éternel présent. Ce que nous vivons aujourd'hui est en partie la conséquence de ce qui s'est passé hier, c'est indéniable. Mais en partie seulement et de façon toute relative, car nous pouvons à tout moment nous en libérer.

Notre histoire s'écrit tous les jours. En accueillant les événements comme ils se présentent sans nous identifier à eux, ni les interpréter, nous avons le pouvoir d'inventer notre vie. Une fois dépassés les schémas, les scénarios répétitifs, c'est la façon dont nous réagirons à une situation donnée qui déterminera notre réalité.

Commencez donc, pour aller mieux et vous élever, par projeter devant vous un présent positif et faites taire le passé s'il n'est pas une condition d'action ici et maintenant. Quand un obstacle se présente, considérez-le tel qu'il est, en interprétant le moins possible ce que vous voyez. Puis prêtez attention à votre manière de réagir face à cette situation. Vous remarquerez alors à quel point vous vous y êtes identifié. Cette petite opération réalisée, n'en déduisez rien. Ne tirez aucune conclusion hâtive. Vous accuser ne servirait qu'à vous faire replonger dans ce cycle infernal de punition. Contentez-vous de constater et passez à autre chose.

Prenez conscience que, l'écrasante majorité du temps, *tout va bien* !

Prendre votre pouls spirituel va vous permettre de vous sonder et de vous entraîner à faire un sain retour sur vous-même : « Où en suis-je, ici et maintenant ? Qu'est-ce que je ressens ? » Ces points d'étape quotidiens (et hebdomadaires, si vous prenez des notes) vont vous aider à faire le vide, à prendre du recul et à reconsidérer votre vision des choses. Très vite, vous allez vous apercevoir des situations dans lesquelles vous êtes prisonnier de votre mental.

Remarquez ce qui revient en boucle, les pensées et les émotions qui assombrissent votre moral. Identifiez leur provenance : ce sont toujours les mêmes, comme par hasard ! Dans ces moments précis, faites un nœud à votre mouchoir : rappelez-vous que vous n'êtes pas votre histoire. Vous pouvez à tout moment vous en désidentifier. « Après tout, pourquoi devrais-je toujours réagir de la même manière ? Cela n'a pas de sens. Je ne suis pas le moi d'hier, je n'ai rien à voir avec cet homme ou cette femme-là ! » Et si quelqu'un tente de vous identifier à votre passé (cela arrive souvent), pardonnez-le-lui et évacuez son jugement : ce dont il ou elle parle, c'est ce que vous avez vécu, mais *ce n'est pas qui vous êtes.*

Votre potentiel est avant tout spirituel.

S'il peut nous brider et même devenir tyrannique, le Petit Moi n'est pas à proprement parler notre ennemi. Il représente aussi tous nos bons côtés et les petites faiblesses qui nous rendent uniques. Ne cherchez pas à être parfait ! Laissez de l'espace à l'intérieur de vous, un espace qui ne soit pas assombri par les bruits du monde. Cet espace n'est ni bon ni mauvais : *il est*, tout simplement. C'est votre Grand Moi, tout ce qui en vous dit : « Je suis. » Ouvrez-vous à lui et ressourcez-vous en revenant à l'ici et au maintenant. Sentez, pratiquez cette présence dès que vous en avez l'occasion. Voyez-le comme un jeu, une initiation. Dès que vous vous en éloignez, revenez tranquillement au « maintenant » éternel.

Nous allons désormais avancer dans le programme. Les jours suivants seront tout aussi riches en apprentissage ! Je vous invite cependant à relire de temps en temps les chapitres qui précèdent, afin de bien vous en imprégner. Ce sont des fondamentaux, ils doivent faire partie de votre nouvelle routine. N'hésitez donc pas à vous remettre en mémoire certains éléments que vous auriez oubliés. Votre existence entière doit être baignée de cette conscience nouvelle. Maintenant, la suite.

DEUXIÈME SEMAINE

Sortir du jugement

JOUR 7

Pratiquer le non-jugement

« Rien ne nous trompe autant que notre jugement. »

LÉONARD DE VINCI

À la cour de Louis XIV, les courtisans devaient respecter des normes sociales très strictes pour faire partie de l'élite. On appelait cela l'« étiquette ». Il y avait des codes de bonne conduite à respecter à la lettre. Les moindres gestes étaient scrutés, décortiqués, amplifiés et enfin déformés. Les bavardages de salon allaient bon train et les intrigues se faisaient courantes. Les *gossips*, comme disent les Anglo-Saxons, provoquaient la chute des malheureux mis au ban de la bonne société pour avoir enfreint les règles.

Cette étiquette, vous la connaissez. C'est celle du jugement. Nous ne sommes plus au XVIIe siècle, mais elle existe toujours sous bien d'autres formes : elle est présente dans les soirées entre amis, en famille, dans les couloirs du bureau, dans la rue, au restaurant… Partout où nous allons, nous jugeons et nous sommes jugés en retour : analysés, interprétés, jugés à l'emporte-pièce, parfois balayés…

Une des grandes lois spirituelles de ce monde est pourtant celle *de s'abstenir de juger*. Et c'est probablement ce qui fait défaut à la plupart de nos contemporains. Juger les gens, juger les paroles, juger les attitudes est un sport national. Dénigrer souvent, enfermer toujours. Dans la langue des oiseaux chère aux psychanalystes, on dit que le « juge ment ». C'est-à-dire qu'à l'intérieur de nous, il y a un personnage drapé dans ses certitudes qui prononce un verdict à tout bout de champ. Il catalogue, classe, range, exclut. Un jour il encense, le suivant il condamne. Le voilà, le véritable tyran : c'est nous-mêmes, encore et toujours.

Juger les autres, c'est les enfermer dans une case. Or, en les cloîtrant dans la prison mentale que nous leur avons choisie, nous ne laissons aucune place à un changement de point de vue. Par ailleurs, lorsque nous portons des jugements définitifs, nous admettons indirectement qu'il est possible d'être « essentialisé » par les autres. Ainsi donc, en définitive, c'est nous-mêmes que nous jugeons et que nous enfermons.

« Ne jugez pas afin de ne pas être jugé. De la manière dont vous jugez, vous serez jugé. De la manière dont vous mesurez, on vous mesurera. » Ces paroles du Christ tirées de l'Évangile de Matthieu illustrent une puissante loi spirituelle. Ce que nous faisons aux autres, nous le faisons d'abord à nous-mêmes. En jugeant, nous instaurons une frontière infranchissable entre nous et les autres. Nous nous opposons à la vie et nous manquons des occasions de rencontrer vraiment ceux qui sont devant nous, dans leur intégrité.

Il est intéressant de constater que ce précepte évangélique, qui date donc de deux mille ans, ou presque, a été repris de nombreuses fois par les psychanalystes. Ceux-ci disent en effet que lorsque nous jugeons nos parents, c'est sur nous-mêmes que nous portons en fait notre jugement, pour la simple raison que nous nous sommes identifiés à eux toute notre vie, et depuis notre plus tendre enfance. Plus nous les condamnons, plus nous nous sentons coupables, dans une forme de cercle vicieux dont il vaut mieux sortir au plus tôt pour ne pas souffrir. Au contraire, il convient de pardonner les erreurs de notre père ou de notre mère dans leur façon de nous avoir éduqués. Ils ont hérité eux-mêmes d'un bagage inconscient et ils ont probablement fait leur possible avec les moyens dont ils disposaient. Plutôt que de les juger et de réactiver à tout moment la souffrance passée, dans la droite ligne de notre première étape, laissons ainsi ce qui n'est plus et cessons de nous y attacher.

Le jugement est une véritable plaie. C'est le plus grand obstacle à l'éveil de l'âme, du Grand Moi. Par ses sentences, il étouffe toute velléité de changement. Entraînez-vous donc à ne plus juger. Débutez sans délai, dès maintenant, en commençant par vous-même. Faites cesser le bavardage intérieur.

Ouvrez votre horizon et découvrez comment le monde est différent sous ce nouveau jour. Les opportunités se présentent, vous n'êtes plus coincé dans vos convictions. Le récit que vous vous faites du monde, ce qui est juste et ce qui ne l'est pas conditionne toutes vos actions. Non quelques-unes, mais toutes. Or, je le répète, c'est de la façon dont vous mesurez que vous serez mesuré.

Plus votre vision est large
et plus les conditions extérieures s'élargissent.

Un esprit fermé, obtus est la promesse d'une vie étriquée, dénuée de saveur. Sans le remarquer, vous tissez une toile qui se referme sur vous – inexorablement.

N'avez-vous jamais eu d'ami(e) qui disait à tout bout de champ « Je suis nulle ! » ou « Je ne mérite pas ce qui m'arrive » ? C'est littéralement invivable ! Les personnes qui se jugent le plus sont aussi celles qui jugeront le plus facilement les autres. Or, par un effet miroir, en jugeant les autres, elles s'autoriseront à se juger elles-mêmes, et le cycle infernal sera bouclé. À force de se condamner, elles se seront arc-boutées sur des convictions et, sans le savoir, n'auront cessé d'alimenter leur blessure. Tout sera alors prétexte à lamentations : l'économie, la politique, les gens, « ne pas réussir sa vie », « bloquer », le passé, le futur… Et dans cette litanie interminable, rien ne sera fait pour changer.

Voilà pourquoi je vous invite ici à pratiquer le non-jugement. Servez-vous de ce que vous avez acquis dans la première partie de ce livre. Revenez-y. Pensez à la blessure, aux conditionnements du passé. Voyez comme ils travestissent votre perception de la réalité. Entraînez-vous à faire le vide quand revient la petite voix intérieure, le juge tyrannique, et à déceler leur présence. Dans un débat, une discussion, prenez-vous position systématiquement ? Lorsque quelqu'un parle, êtes-vous occupé à le juger ou à l'écouter ? Quelle blessure l'envie de juger ranime-t-elle ? Comment vous sentez-vous intérieurement, lorsque vous vous jugez vous-même ? Prenez, là aussi, votre pouls spirituel. Il vous permettra de comprendre pourquoi *vous avez besoin de juger*.

En effectuant ces petits exercices, cependant, n'en rajoutez pas. Ne jugez pas ce que vous jugez ! Et ayez une grande douceur avec vous-même. Pas d'exigences inutiles : c'est la garantie de ne pas tenir trois semaines dans votre nouveau mode de vie. Si vous cédez au jugement, reconnaissez-le et n'en faites pas toute une affaire. Vous ferez mieux la prochaine fois. Une des clés pour aller mieux est de se créditer de ses erreurs : de la sorte, on sort du cycle qui consiste à trouver de la jouissance dans la condamnation.

Je précise que ne pas juger ne veut pas dire que nous n'avons pas d'opinion. Nous avons tout à fait le droit de déployer notre puissance, d'exprimer nos choix de vie, d'avoir des désirs. Ceux-ci ne sont pas semblables à ceux de notre voisin de palier. Nous nous relions au monde avec des goûts, des préférences. Ce sont les nôtres, ils ne se discutent pas. *Dès que nous entrons dans la comparaison, l'ego se réveille.* Il sort de ses gonds, prêt à bondir et à mordre. Il veut avoir raison et utilisera tous les arguments pour assurer sa domination sur son entourage. Et s'il ne trouve personne à tyranniser, il se tyrannisera lui-même.

CLÉ DE TRANSFORMATION

Ne laissez pas votre Petit Moi diriger votre vie. Cela doit devenir votre indicateur, votre boussole. Que vous vous jugiez ou que vous jugiez les autres, c'est du pareil au même : vous vous excluez du courant de la vie, vous tentez de figer ce qui est en mouvement, fluctuant par essence. Au quotidien, vous n'aurez aucun mal à repérer ces tendances destructrices. Prenez-en conscience et accueillez ce qui se présente. N'arbitrez pas. Quand on vous interroge, ne vous précipitez pas pour répondre. Marquez un temps d'arrêt. Laissez-vous la possibilité de ne pas savoir.

Le dalaï-lama a coutume de répondre aux questions qu'on lui pose : « *You know, I don't know* » (« Vous savez, je ne sais pas »). Il s'ouvre ainsi à son Grand Moi, à l'inspiration. Après avoir affirmé qu'il ne détenait pas la vérité, il laisse monter en lui des mots justes et bien souvent inspirés.

Dans mon travail, je prépare rarement les conférences, pas plus que je n'anticipe les séances d'accompagnement. Lorsque je dois parler, je fais taire mon mental en observant avec silence mon état présent. Quand la personne s'adresse à moi, je suis totalement à son écoute, à laisser résonner mon intuition, et j'abandonne au vestiaire tout jugement de valeur. C'est ainsi que je peux transmettre des guidances.

Apprenez, vous aussi, à laisser exister en vous cet espace intérieur, le vide dont nous parlions plus haut. Pour ce faire, vous allez vous adonner au chapitre suivant à une activité ludique et gratifiante : l'observation.

RITUEL

Du temps de silence

Aujourd'hui, votre rituel consiste à faire une pause chaque fois que vous allez parler.

Si vous êtes en conversation avec quelqu'un, avant de prendre la parole, retenez-vous quelques secondes avant de parler. Faites place au vide. Donnez-vous un temps de silence, même très court. « Tournez votre langue sept fois dans votre bouche. »

Si vous êtes seul chez vous, ou dans la voiture, et que vous vous parlez à vous-même à voix haute, faites de même. Au moment de vous exclamer, de vous raisonner, de vous faire des reproches, ou tout simplement de vous rappeler une tâche à exécuter, abstenez-vous avant d'ouvrir la bouche.

Apprenez à instaurer avant toute prise de parole, seul ou avec autrui, ce temps de silence. Ne réprimez pas pour autant vos impulsions. Prenez simplement ce moment pour laisser émerger la Présence.

À force de répéter ce rituel, vous allez réaliser qu'une énergie supérieure guide vos mots, et vous délivre du jugement et de vos propres pensées. Vous ne serez plus seulement en mode « réaction » mais dans un état de conscience inspiré.

JOUR 8

Apprendre à observer

« L'attention en tout, c'est ce qui nous sauve. »

JACQUES-BÉNIGNE BOSSUET

Dès que j'ai un peu de temps, je m'assieds sur un banc, de préférence dans un square avec une belle végétation non loin de mon cabinet. Je prends quelques profondes respirations et je me rends tout à fait attentif à ce qui se passe en moi et autour de moi. Observer le monde est une source de grande joie. C'est aussi une pratique spirituelle très puissante. Lorsque j'observe, je ne fais intervenir ni mes pensées ni mes émotions. J'adopte un regard neutre, sans intentionnalité. Je laisse aller mon regard sans volonté particulière, en prenant bien soin de ne rien faire d'autre qu'observer. Pas d'interprétation, pas de jugement. Je remarque ce qui se présente et je n'en tire aucune conclusion. Je me fais le témoin sans filtre du monde, de la vie.

Aujourd'hui, je suis assis tranquillement près d'un petit manège pour enfants. Il n'y a personne à cette heure de la matinée. D'un coup d'œil circulaire, j'embrasse mon environnement. Je suis rejoint par un couple de pigeons ramiers qui se font la cour en tournant sur eux-mêmes. Ils roucoulent tendrement. Je reste là, dans la quiétude matinale. À un mètre, à gauche, j'aperçois un massif de fleurs bigarrées. Le jardinier vient de les planter et termine de tasser la terre. Il part en boitillant, avec son arrosoir, s'occuper d'un autre parterre, un peu plus loin. J'entends alors derrière moi un frou-frou et je découvre dans les buissons deux moineaux qui ferraillent pour un petit bout de pain. À moins qu'il ne s'agisse d'un morceau de brioche laissé par un enfant impatient. Je reste ainsi un long moment à écouter le monde, en silence, focalisant toute mon attention sur ce que je vis, ici et maintenant. Je fais le vide. Un couple passe devant moi, en se tenant la main. Je les regarde s'éloigner et s'asseoir un peu plus loin sur un banc baigné de soleil. Je ne m'interroge pas sur leur vie, l'âge qu'ils ont ou ce qu'ils feront de leur journée. Je n'imagine rien. Je constate leur présence, rien d'autre. Une fois ce petit exercice accompli, je me lève et retourne à mon travail. Tout au long de la journée, je puiserai dans ce moment de délicieuse vacuité…

Vous pouvez faire de même en étant tranquillement chez vous. À portée de main, vous saisissez un simple stylo. Vous détaillez sa forme, sa couleur, son poids en main. N'allez pas plus loin. Ne laissez pas intervenir votre jugement. Faites la même chose en regardant une plante verte, ou encore les nuages qui défilent à votre fenêtre. Le sentiment de vie ne se fait-il pas puissant tout à coup ? Il a toujours été là, mais vous ne l'écoutiez pas.

Je pense également au chat qui fait sa toilette. Il est tout entier à son activité. Il reste attentif au monde extérieur, mais place toute son énergie dans ce qu'il fait, comme si rien d'autre, sur l'instant, n'existait. Dès que vous vous placez dans cet état, vous mettez votre mental au repos. Le temps s'arrête. Votre Petit Moi se tient coi. Vous êtes dans votre cabinet spirituel, votre atelier. Vous vous délestez de ce que vous venez de faire, de vos envies présentes et de ce que vous anticipez pour la suite. Ce que vous apprenez alors à observer, ce qui vous apparaît comme des détails infimes, vous servira pour les grandes décisions de votre vie.

Ce petit exercice que je vous donne à faire aujourd'hui doit devenir une routine globale de présence à soi et au monde. Car à force de vous placer dans cet état, votre attention va imperceptiblement se libérer de ses préjugés. Elle va s'élargir, ouvrir votre regard. Avec un peu d'entraînement, vous ne serez plus tributaire des conditions extérieures, du temps, des gens, des événements eux-mêmes. Je ne parle pas seulement des moments où vous observez, mais de tous les instants de la vie.

Dans une interview, l'écrivain Éric-Emmanuel Schmidt racontait qu'il pestait sans arrêt contre la pluie : « Quel temps affreux ! Mes chaussures toutes neuves, quelle déveine ! Et je n'ai pas de parapluie… Ce genre de choses n'arrive qu'à moi, décidément… » La pluie était pour lui un prétexte pour se plaindre. Et puis un matin, il s'est levé. Il pleuvait. Et il a remarqué simplement : « Tiens, il pleut. » Et c'était tout. Le temps n'avait plus d'effet sur lui, car il s'était placé en observateur du monde. Quand vous pourrez poser cette simple constatation, qu'il pleut, et c'est tout, alors vous saurez que vous êtes libéré de la temporalité et du jugement.

CLÉ DE TRANSFORMATION

N'ajoutez pas de l'histoire par-dessus l'histoire. Observez au maximum ce qui se passe en vous, autour de vous. S'il pleut, il pleut. Soit vous rentrez chez vous pour chercher un parapluie, soit vous vous mettez à l'abri en attendant la fin de l'averse. Si vous êtes en retard, constatez-le : je suis en retard, et c'est tout. Êtes-vous triste ? Dites : « Il y a de la tristesse », et c'est tout. Rappelez-vous qu'il ne sert d'intervenir que ce sur quoi vous avez du pouvoir, ici et maintenant. Pour le reste, ce qui ne dépend pas de vous – en l'occurrence, la météo –, vous devez l'accepter. N'y investissez donc pas davantage d'énergie.

Le grand maître indien Jiddu Krishnamurti a dit :

« La plus haute forme d'intelligence humaine est la capacité à observer sans jugement. »

C'est un très haut niveau de sagesse que d'accueillir ce qui est en témoin du monde, et non en acteur universel et omnipotent. Appliquez-vous à cette routine : observer, mais sans juger. Elle est dans la parfaite continuité des jours précédents.

RITUEL

De la respiration consciente

Où que vous soyez, prenez une grande respiration, toujours par l'abdomen, et revenez à votre centre de gravité.

Grâce au rituel de la respiration, vous faites taire vos pensées et vos émotions tout en prenant conscience de ce qui vous entoure.

Si pendant ce rituel quelque chose vous dérange, voyez si vous pouvez intervenir, en changeant d'endroit, par exemple, ou en coupant le bruit d'un objet qui vous perturbe.
Si ce n'est pas possible, acceptez ce qui est maintenant, aussi inconfortable que cela soit.

Puis portez votre attention sur ce qui se trouve en face de vous. Le paysage qui défile par la fenêtre du train, un insecte qui s'agite dans son monde, des êtres humains qui se meuvent... Absorbez-vous, prenez-en pleinement conscience.

Puis fermez les yeux. Si vous êtes aux prises avec des pensées négatives, demandez au juge qui se cache en vous de sortir. Il finira peu à peu par obéir.

Plusieurs fois dans la journée, prenez quelques minutes pour respirer, en observant votre corps intérieurement et extérieurement.

Pratiquez le rituel le matin au lever : tout en respirant, ouvrez les yeux sur le monde : en toute simplicité, notez ce que vous voyez autour de vous : la couleur de votre pyjama, la matière de votre couette, les effets de lumière du jour sur les murs. N'en déduisez rien, observez seulement.

De même, constatez en vous réveillant la position dans laquelle vous vous trouvez : sur le ventre, sur le côté, sur le dos. S'il y a de l'inconfort, prenez-en conscience mais ne jugez rien.

Puis levez-vous et vaquez à vos occupations.

JOUR 9

Voir derrière les apparences

« L'apparence est une réalité, mais elle n'est pas la vérité. »

OSCAR WILDE

En prenant l'habitude de vous observer vous-même, vous allez bientôt distinguer ce qui est de l'ordre du vécu, votre mémoire émotionnelle, de ce qui relève de votre Grand Moi, c'est-à-dire de votre intuition. L'intuition est toujours neuve, elle est fraîche comme l'eau claire et vous guide au moment présent. Le mental vous ramène, d'une façon ou d'une autre, à ce que vous connaissez, donc à votre passé. C'est pourquoi il est si important de vous relier à la Source.

Le mental est très rusé. Vous êtes dans le vrai, vous le savez, malgré tout, par un excès de rationalité, vous vous mettez à douter, vous ne faites plus confiance à vos ressentis. Combien de fois vous êtes-vous mordu les doigts de ne pas vous être écouté ? Vous auriez eu raison en suivant votre choix premier, « impulsif » pourrait-on dire, et vous avez opté pour ce que vous dictait votre mental. Cela fait partie de notre quotidien à tous. C'est le propre de notre condition de nous tromper ; mais c'est aussi un avantage de l'être humain de savoir cultiver l'art de l'attention et de pouvoir, à chaque instant, se renouveler grâce à la Présence.

Reprenons notre processus d'observation. Nous voilà dans la rue. Autour de nous, il y a des piétons, des cyclistes, des voitures, des bus, des oiseaux, du bruit, des odeurs et un milliard de stimuli visuels. Le camion qui passe près de nous s'arrête au passage clouté et attend que passe une classe de bambins vêtus de tabliers. Tout ce petit monde va et vient, vaque à ses occupations. Chacun prend une direction qui croise la nôtre avant de rejoindre d'autres horizons. Brièvement, nous rencontrons sans les connaître une multitude de personnes. Chacune d'elles vit dans son niveau de réalité, personnel, familial, professionnel, amoureux. Il y a même tant de niveaux pour lire un homme ou une femme qu'on ne pourrait tous les énumérer.

Faisons un pas de recul et changeons de focale. Passons au niveau des sociétés et des instituts de statistiques, qui classent les populations selon l'âge, le sexe, la profession, le statut marital, l'appartenance religieuse et même les opinions. Ces catégories révèlent des tendances démographiques ou économiques et permettent même d'anticiper un vote. Cependant elles ne dénotent qu'un seul et unique niveau de réalité : celui par lequel on appréhende, à un moment T, une certaine couche ou un certain ensemble de population.

Dans un orchestre, chaque instrument joue sa partition. Pris isolément, chacun exprime une fraction de l'œuvre, et c'est un premier niveau de réalité. Si tous les cuivres jouent ensemble leur partie, voici déjà un autre niveau. Et c'est la même chose avec tous les groupes d'instruments : les cordes, les vents… Une fois rassemblés sous la baguette du chef d'orchestre et jouant ensemble, tous les musiciens nous font découvrir l'œuvre dans son entier, et nous obtenons alors un niveau de réalité générale, si l'on peut dire.

Beaucoup de gens ne voient le monde et les autres que par leur bout de la lorgnette. Ils n'intègrent pas l'idée qu'il y a une autre façon de voir, une autre manière de penser. Aussi, dès qu'une personne se comporte différemment d'eux, ils sont choqués et portent un jugement sans appel. Ils ne prennent pas conscience qu'ils vivent sur un plan de réalité différent. Votre voisin mange des plats cuisinés alors que vous n'achetez que du bio. Est-ce un bien ? Est-ce un mal ? Ce sont deux niveaux de réalité sur lesquels on ne peut porter de jugement de valeur.

Certains ont besoin de beaucoup de sommeil, tandis qu'à d'autres, quelques heures suffisent. Certains croient et voient une présence divine partout, d'autres ne la trouvent nulle part. Chacun vit à son rythme, en fonction de ses habitudes, de ses choix, de ses possibilités aussi, de son éducation, de son intuition. Il y a des personnes immensément riches et d'autres extrêmement pauvres. C'est le monde. Il est constitué de multiples niveaux de réalité. Si le mental s'en mêle, il juge ce qui ne correspond pas à son schéma et l'exclut. Ou bien il s'apitoie et nourrit de grandes déceptions. Cette attitude est nuisible, car elle soustrait du regard toute possibilité de changement.

CLÉ DE TRANSFORMATION

Votre niveau de réalité actuel correspond à vos opinions, vos préférences, vos désirs. Il vous éclaire sur la façon dont vous fonctionnez au quotidien. C'est une première façon de vous connaître.

Pour transformer notre vie, il suffit d'intervenir sur les niveaux de réalité qui sont les nôtres.

Où placez-vous le curseur ?

Je me rappelle un client qui dénigrait systématiquement les personnes aisées, celles qui réussissaient dans les affaires. Quand il est venu me voir, il se trouvait en plein tumulte intérieur. Créateur d'une petite entreprise spécialisée dans le recyclage alimentaire, il se plaignait de ce que son business ne connaissait pas l'essor attendu et il s'interrogeait sur l'opportunité d'arrêter. Son découragement était bien réel, et il ne cessait de s'indigner de la réussite des autres. Après l'avoir longuement écouté, je lui ai demandé si derrière ce jugement de valeur ne se cachait pas un profond manque de confiance en soi, ce qu'il m'a confirmé. Cet homme s'était en fait enfermé dans un niveau de réalité où les autres étaient capables de réussir, mais pas lui.

Sur ces bases, nous avons procédé au protocole d'accompagnement. Durant les premières séances, mon client a rapidement compris qu'il se mettait des œillères. Comme son banquier ne lui avait pas octroyé les prêts désirés, il n'avait pas eu la présence d'esprit de contacter d'autres organismes. Ce refus l'avait conforté dans l'idée bien trop ancrée qu'« on ne prête qu'aux riches ». Surtout, s'attendant à échouer, il avait eu l'illusion de croire que, s'il avait eu un refus, toutes les autres banques le recaleraient. Il se bridait ! C'est là qu'il a eu le déclic. Jusque-là, cet homme fonctionnait comme un disque rayé. Il se renvoyait à lui-même une image de loser, d'incapable. Cette image de soi limitait son accès à l'abondance du monde, il ne pouvait parvenir à des niveaux de réalité différents. Mais à force d'attention, en prenant bien soin de ne pas juger ses comportements, il a commencé à entrevoir sa vie sous un angle plus ouvert et confiant. Et s'il s'était, en fin de compte, trompé sur lui-même ? Et s'il y avait autre chose que ce qu'il croyait voir ?

Ces simples questions ont littéralement fait tomber ses œillères. Il était mûr. Et en effet, ce n'est qu'après avoir ouvert les yeux sur le monde qu'il a eu l'idée de contacter un ami courtier qu'il avait perdu de vue. Ce dernier, ravi de le retrouver, lui a proposé de revoir son *business plan*. Fort de cette nouvelle organisation, il lui a présenté les bons interlocuteurs bancaires. Et aujourd'hui, ce monsieur jadis si peu confiant a retrouvé le sourire et me donne de temps en temps de ses nouvelles. Son commerce est prospère !

S'il était resté enfermé dans son niveau de réalité (« les riches sont de mauvaises personnes », « je suis une nullité »), ce client aurait probablement fermé boutique et se lamenterait encore sur son sort. En changeant son regard, à commencer par celui qu'il portait sur lui-même, il s'est désidentifié de son histoire, d'une rengaine qui le rendait malheureux.

Avec un peu de volonté, on peut donc apprendre à changer sa perception de la réalité et débloquer des niveaux qu'on n'aurait jusque-là jamais soupçonnés. On peut apprendre à voir derrière les apparences, à porter notre regard dans des contrées qui dépassent les limites de l'ego et du karma.

Je vais aller plus loin. Au-delà de la multiplicité de niveaux, au-delà des appartenances historiques, familiales, religieuses, communautaires :

Il existe un niveau de réalité que partagent tous les êtres humains : la dimension invisible.

Cette dimension échappe à tout classement ainsi qu'à toute réduction. On ne peut l'appréhender sous l'angle rationnel, autrement dit avec le Petit Moi. Les scientifiques le savent bien, eux qui ne la cherchent même pas ! Du moins pour la plupart. Car, au bout du compte, il y a toujours quelque chose en elle qui nous échappe, une inconnue dans l'équation qui nous pousse à chercher et chercher encore. Demandez à Einstein ce qu'il pensait de l'univers et de Dieu ! « Il parlait si souvent de Dieu qu'on aurait pu le croire théologien ! » racontait un de ses confrères à son sujet.

Au-delà des préjugés, des peurs, de l'histoire personnelle, du « disque rayé » de chacun, derrière les différences apparentes se cache une unité fondamentale : celle de l'Être, qui fait qu'au fond, *tout est un*. Prenez-en conscience. Sur le plan de l'âme, du Grand Moi, il n'y a plus aucune séparation, aucune appartenance. Tous les êtres humains sont égaux et interconnectés, sur ce plan ils peuvent tous s'entendre et se comprendre. Cette énergie unique animant l'univers entier, on peut lui donner le nom de Dieu, d'Univers, de Cosmos. Le penseur chrétien anglais John Main l'appelle notre « centre créateur ». Je la nomme pour ma part la Présence. C'est ce qui unit tous les êtres, toutes choses en une seule réalité : l'Amour inconditionnel. C'est l'alpha et l'oméga dont parle saint Jean dans l'Apocalypse, c'est-à-dire le début et la fin de tout.

La Présence est partout à la fois dans l'univers et de tout temps. Elle fait battre notre cœur et anime tout ce qui existe, sur tous les plans de réalité. Tout est en elle. Et sans elle, pas de vie. Elle est repérable sur les plans minéral, végétal, animal, humain, angélique. Par conséquent, elle est en nous. Et elle est directement accessible ici et maintenant. En observant le monde dans sa diversité, dans sa multiplicité, nous pouvons constater l'unité fondamentale qui relie mystérieusement tous les êtres vivants sous une seule et même bannière. Ramener notre attention au moment présent est la porte d'entrée vers cette source commune.

Ainsi, le fait de vous relier à votre Grand Moi par des pratiques très concrètes comme le vide, la méditation, l'observation sans jugement gommera progressivement les différents niveaux de réalité. Peu à peu, vous vous apercevrez que les différences entre les êtres humains sont négligeables, bien moins importantes que ce qui les unit. Vous atteindrez votre centre de gravité à partir duquel votre vie pourra se réorganiser de fond en comble.

C'est de ce « lieu spirituel » qu'émerge toute manifestation physique. C'est du vide que naît la lumière. Vous n'êtes plus la victime d'un passé, vous ouvrez votre cœur à la Présence qui se recrée continuellement *en vous* et *par vous*. Par elle, vous transcendez votre histoire, votre karma. Vous devenez votre propre moteur, votre propre source. Le Bouddha disait : « Soyez à vous-même votre propre lumière. » Je reformulerai son principe ainsi :

« Soyez à vous-même votre propre Présence. »

Il n'y a qu'une seule et même réalité et vous en êtes le cœur. De cette réalité peuvent germer toutes les autres.

Réchauffez les braises ! Exercez-vous à constater en toute simplicité la réalité des choses, à observer le monde avec un regard d'enfant. Sollicitez votre Grand Moi en répétant inlassablement ces petits exercices. Ils sont votre nouvelle routine. Et l'espace intérieur que vous leur consacrez est le laboratoire de votre changement.

RITUEL

De réveil énergétique

Observez un petit rituel de nettoyage énergétique.

Au lever, avant d'aller vous doucher ou de prendre votre petit-déjeuner, prenez un temps en vous asseyant au bord de votre lit. Vous êtes réveillé, mais pas encore en route pour la journée. Ce moment est essentiel pour équilibrer votre énergie.

Partez du centre de votre corps, votre plexus solaire. Repérez-le avec la main gauche : massez doucement la zone au-dessus de votre estomac avec la paume. De haut en bas d'abord puis à l'horizontale. Deux minutes suffisent. Si vous en ressentez le besoin, prenez davantage de temps.

Faites la même chose avec la main droite. Une fois que vous avez bien massé cette zone, fermez les yeux.

Prenez une grande respiration.

Imaginez le soleil de l'aurore qui se lève en vous
et laissez-le briller dans tout votre corps et votre esprit.

Laissez alors poser cette lumière sur votre plexus solaire.
Sentez sa chaleur qui vous inonde.
Laissez la nouveauté de ce matin vous pénétrer,
ressentez cet éveil dans toutes vos cellules.

En ouvrant les yeux, prenez une grande respiration
et échangez un regard complice dans la glace,
avant de démarrer vos activités.

JOUR 10

Se préparer au changement

« Notre vie n'est que mouvement. »

MICHEL DE MONTAIGNE

Quelqu'un a dit un jour : « La vie est une série d'exceptions. » On pourrait compléter cette sentence ainsi : « Car rien ne se passe jamais comme prévu. » Nous nous endormons un soir plein de certitudes et le lendemain, tout est remis en cause. Un contrat est sur le point d'être signé, nous attendons un rendez-vous galant, la maison devrait être vendue… Tout cela est prometteur, n'est-ce pas ? Tout nous sourit, nous sifflons de joie, la vie est belle. Nous croisons la concierge en bas de l'immeuble, nous bavardons quelques minutes avec elle, nous serions prêt à l'embrasser. Elle n'en revient pas. Et nous partons, légers comme un pinson. Mais le soir venu, rien ne va plus ! La signature est reportée, notre rendez-vous ne se présente pas et les acheteurs potentiels se rétractent. Patatras ! Tout ce que nous avions élaboré s'écroule sous nos yeux. Nous retournons à la maison en traînant les pieds, nous croisons à nouveau la concierge qui nous renvoie son plus beau sourire. Mais ce soir, nous levons à peine les yeux et nous ânonnons tout juste quelques mots. Que s'est-il passé depuis ce matin ? Qu'est-ce qui a changé ? Notre réalité ou les projections que nous en faisions ?

Nous faisons beaucoup de projets dans la vie, mais combien d'entre eux aboutissent ? Et s'ils se concrétisent, correspondent-ils exactement à ce que nous avions prévu ? Convenez d'une chose : tant qu'un événement n'est pas arrivé, il n'est qu'une hypothèse, une potentialité, une projection. Il y a une séparation profonde, un fossé entre nos attentes et la réalité. Ce fossé, il s'appelle l'imprévu. Parfois, il semble tant se creuser que nous croyons que la vie s'acharne à détourner nos projets. Dans ces moments, nous faisons erreur.

En vérité, rien n'est acquis parce que tout est en mouvement, tout le temps.

La vraie loi de l'univers, c'est que nos projets soient détournés, modulés, transformés pour s'adapter à la réalité, pas qu'ils s'accomplissent sous la forme exacte où nous le souhaitions. Ça, c'est l'exception. Il est donc tout à fait normal et rassurant que notre volonté soit contrariée dans ses réalisations !

Les hindous utilisent un terme pour cela : l'impermanence. Rien ne dure ici-bas, tout est sujet à changement, fluctuations. Faites un rapide retour sur les dernières années de votre vie, et si vous en avez l'occasion, sur votre parcours depuis votre naissance. Que remarquez-vous ? Que rien ne s'est déroulé comme prévu. Cependant vous êtes toujours là, bien vivant, et c'est plutôt rassurant, car cela veut dire que la vie a une extraordinaire capacité d'adaptation.

Il y a quelque temps, un ami a reçu de son organisme de retraite un document réalisant une projection sur les dix prochaines années. Celui-ci était accompagné d'un récapitulatif de toutes ses activités rémunérées qui lui donnaient droit aux prestations sociales. Devant ce « tableau », ou ce résumé de sa propre vie, de nombreux souvenirs sont remontés à la conscience de mon ami. Il y avait là trente ans de sa vie active, en deux pages recto verso : petits boulots, intérim, chômage, puis de longues périodes de travail dans la même entreprise ; à nouveau chômage puis départ à l'étranger ; retour en France trois ans plus tard... Quand je lui ai demandé si, rétrospectivement, il s'attendait à ce que son parcours professionnel se déroule comme il l'avait prévu, il m'a répondu par la négative en éclatant de rire : « Non, bien sûr ! Rien ne s'est passé comme je l'attendais, m'a-t-il dit. Mais c'est tant mieux ainsi ! » Et vous ? Pouvez-vous affirmer que votre vie s'est passée exactement comme vous l'aviez anticipé ?

Enfant, vous dépendiez de vos parents, de leurs choix de vie, de leur situation. Votre existence découlait de la leur. Votre vie, c'était la leur, et vous deviez vous conformer à leur rythme, leurs projets. À l'âge adulte, vous vous êtes pris en main, vous avez affirmé votre libre arbitre. Est-ce pour autant que vous maîtrisez davantage les éléments ? Non, bien sûr. Pourquoi ? Parce que la vie n'est jamais prévisible, elle ne répond jamais à ce que nous attendons d'elle. Que ce soit pour les bons ou les mauvais moments. La vie va, et c'est tout. Notre seul rôle est de surfer sur ce qui arrive, de nous servir des vents et des courants, comme l'aigle au-dessus de la montagne ou le bateau sur le flot des mers.

Considérez l'existence d'un fleuve. Il prend sa source dans les sommets, c'est d'abord un mince filet d'eau alimenté par les pluies et la fonte des neiges. Puis son lit s'épaissit et se transforme en un cours impétueux. Parvenu dans les plaines, il se repose en de grands lacs avant de se jeter dans un affluent. À son tour ce dernier se ramifie, déborde sur les champs avoisinants, créant de nouveaux chemins. Ainsi va la vie : elle déborde et se répand.

Ce constat accepté, la meilleure attitude à adopter, c'est d'aller avec le mouvement, de ne pas retenir ce qui est. « *Go with the flow!* » disent les Anglais. Surfez sur la vague. Ne cherchez pas à suspendre le vol du temps, comme se lamente le poète. Gardez une souplesse intérieure, voyagez léger par rapport à vos attentes. C'est de cette façon et uniquement ainsi que vous allez ressentir le changement, qui est perpétuel.

Rien ne peut arrêter la vie, pas même la mort, qui est l'ultime transfiguration de l'être humain.

Ce que nous appelons des moments de vie, les souvenirs, c'est notre mental qui les isole, les fractionne. Il les catalogue comme « bons » ou « mauvais », longs ou courts, il leur donne des goûts et des couleurs, il les évalue, les trie, les note. Mais ce sont des photographies à un instant T, comme d'anciennes diapositives ou des clichés radiologiques. Ils saisissent l'instant, mais ils ne peuvent représenter le présent que nous vivions alors, et ils ne sauraient non plus augurer de l'avenir.

J'entends souvent les gens se plaindre de la vie d'aujourd'hui. « C'était mieux avant », disent-ils. Ainsi les Trente Glorieuses sont perçues rétrospectivement comme une période bénie, où tout était facile et possible. Mais les gens oublient l'extrême tension qui crispait les relations internationales, le bloc communiste, la guerre du Vietnam, la bombe, la condition des Noirs américains ou des femmes dans la société. Regretter ce qui aurait pu se passer, mais qui n'a pas eu lieu, c'est être dans une impasse. Tout comme dire qu'avant c'était mieux. À moins de comprendre l'origine des événements et d'en retenir les leçons, il n'y a rien à attendre du passé. Il n'existe que du présent et, en un sens, celui-ci est toujours *parfait*.

Tout se passe maintenant. Sautez dans le train de la vie, il est là, sous vos yeux. Prenez-en conscience et votre vie se renouvellera radicalement. Le changement, c'est le caractère même de la vie. Celle-ci circule sans cesse en nous. Elle nous transforme perpétuellement.

Ce matin, vous n'êtes déjà plus la même personne qu'hier soir, ni aujourd'hui la personne que vous serez demain. Nos sociétés de pierres, de métal, de livres et d'administrations nous donnent l'illusion de la durée, de la fixité. Cependant cette durée, cette fixité n'existent pas dans la vie elle-même, qui n'a en elle de durable que la Présence. Entendez son murmure en vous : c'est la seule réalité qui soit véritablement intangible, immuable. C'est notre centre de gravité. Le reste peut bien passer, varier, mourir, les conditions extérieures peuvent bien changer, la Présence qui est en nous, elle, reste.

CLÉ DE TRANSFORMATION

La clé de votre transformation, c'est donc de vous projeter le moins possible dans ce que vous appelez l'« avenir ». Ne consommez pas votre énergie en vous diluant dans un demain hypothétique. Laissez votre champ intérieur aussi vierge que possible. Votre attention doit se porter sur ici et maintenant. C'est ainsi que vous serez capable de vous adapter au flot de la vie et *d'accueillir le changement.*

Voici : vous êtes désormais ancré et grâce à cet ancrage, vous faites les choses les unes après les autres. Les projets se forment, ils se déforment, puis se forment à nouveau. C'est l'alternance de la vie. Vous vous adaptez. C'est le processus de l'évolution. Ne le jugez pas, ne vous jugez pas, car ce que vous nommez bien ou mal, ce sont des vues de votre mental, de votre ego qui se braque. Les événements sont contraires ? Ce n'est peut-être pas le moment, tout simplement. Acceptez-le. N'agitez pas votre blessure à cette occasion. Votre identité profonde n'est pas remise en cause. Ce qui vous définit vraiment, c'est la Présence en vous, la puissance intime qui vous irrigue. Et elle ne peut être ni mutilée ni amputée par ce qui arrive.

Le bien et le mal, le bon et le mauvais sont des notions toutes relatives. La justice des hommes ne change-t-elle pas selon les régimes, tout comme la façon dont nous jugeons les autres et nous-mêmes ? Remarquez le principe de dualité en vous et dans le monde. Il y a le jour et puis la nuit puis à nouveau le jour. *Tout change dans le domaine de la forme*. Le fond, lui, est immuable, éternel. C'est la Présence. Cultivez-la, recherchez-la comme le plus grand trésor.

La Présence est en vous. Et c'est elle le véritable principe moteur de votre vie.

RITUEL

Du balancier

L'objectif de ce rituel est de vous faire ressentir le mouvement de l'univers afin de vous y connecter.

Pour cela, tenez-vous droit, sans tension, les bras ballants.

Prenez quelques profondes respirations afin d'être tout à fait présent à ce que vous faites.

Puis, fermez les yeux et commencez à faire avec votre corps des mouvements de balancier, d'avant en arrière et d'arrière en avant. Ne vous précipitez pas. Commencez lentement, écoutez vos sensations. Au besoin, faites-le dos au mur si vous craignez d'être déstabilisé.

Visualisez votre corps comme une horloge dont le balancier suit un cours régulier. Faites cela d'avant en arrière puis de gauche à droite, alternativement. Continuez deux à trois minutes, le temps de bien ressentir le mouvement.

Quand vous donnez la première impulsion, observez votre corps se mettre en branle. Dans ce mouvement, vous vous mettez en accord avec l'univers.

Progressivement, vous allez trouver votre rythme, et bientôt, vous n'avez plus besoin de donner d'impulsion supplémentaire : c'est la Présence en vous qui génère le mouvement !

JOUR 11

Rester en alerte !

« Rien n'est jamais acquis, et on doit veiller toujours, jusque dans le repos. »

ERIK ORSENNA

Dans les chapitres précédents, j'ai employé à plusieurs reprises l'expression « centre de gravité ». En physique, elle correspond à l'endroit où est concentrée toute la masse d'un corps. C'est-à-dire que toutes les forces sont rassemblées autour du point central, le noyau. Comme les électrons qui gravitent autour de l'atome, nos pensées et nos émotions sont ordonnées autour d'un point gravitationnel. Dans son état normal, notre âme baigne dans la Présence. Le Petit Moi et le Grand Moi sont reliés. Cette alliance nous fournit l'énergie nécessaire pour agir, avancer, assumer les défis qui se présentent. Dès que le Petit Moi monte sur ses ergots, qu'il se sent menacé, fragilisé, il s'érige en tyran et ravive notre blessure. Notre énergie se disperse, elle quitte le noyau central et se comporte de façon anarchique : nous sommes en quelque sorte « déviés » de notre centre de gravité.

Dans ces moments, en particulier, il faut redoubler de Présence. C'est-à-dire qu'il faut *veiller*, faire preuve d'une vigilance accrue.

Quand vous sentez que vous perdez votre sang-froid, surveillez vos pensées et vos émotions. Voyez quand votre esprit est distrait. Autant que possible, prenez conscience de ce que vous ressentez au présent. Cessez à tout prix de vous identifier à ce que vous vivez.

Il y a des périodes où l'on est davantage perméable à ce qui se passe dans le monde. Où notre sensibilité est plus élevée. Il peut s'agir d'événements familiaux, de difficultés au travail, parfois de l'actualité. C'est normal, la vie charrie son lot de défis quotidiens. Il y a des jours avec et des jours sans. Dans ces moments-là, les énergies basses s'immiscent là où nous ne nous y attendions pas. Le coup de fil d'une amie que nous écoutons patiemment se plaindre de son mari dévore le peu de forces qu'il nous restait. Lorsque nous avons raccroché, notre fréquence vibratoire est au plus bas, et notre moral aussi.

Cet état de « moins » ne résulte pas d'un événement en particulier. C'est sur le temps long qu'on monte ou qu'on descend la pente. Bonheur et tristesse se construisent petit à petit, dans la durée. Si nous ressentons donc un moins dans notre vie, c'est que nous avons laissé dériver notre attention : nous nous sommes éloignés de notre noyau, nous ne sommes plus connectés à la source. Les doutes apparaissent. Comme un navire sans capitaine, nous suivons un son de cloche, puis un autre. Nous nous balançons au gré du vent. Lentement, subrepticement, notre énergie, nos humeurs sont sapées par l'environnement. Finalement, nous ne savons plus. Nous avons perdu notre centre de gravité, nous vivons à sa périphérie. Nous sommes en exil de nous-mêmes. Ne dit-on pas « être à côté de ses pompes » ? C'est le fait d'être désaxé, de perdre l'orbite.

Ceux qui en ont fait l'expérience disent tous « se voir vivre », mais ne pas vivre vraiment. C'est une sensation désagréable, une forme de dédoublement, de désunion avec soi-même. Dans les cas extrêmes, ce sentiment est proche de la dépression et du dégoût d'exister. Cet état est proche d'une forme de transe. Il commence par envelopper nos pensées, nos émotions d'un épais champ de coton. Une force mystérieuse nous attire dans les profondeurs. C'est une sirène envoûtante, sa voix est chaude et séduisante. « Laisse-toi aller ! » Son chant captive. Nous sommes sous le charme. Nous nous laissons séduire, comme le serpent du *Livre de la Jungle*. La tentation est puissante : s'abandonner à sa volupté et disparaître dans les limbes de l'oubli. Déjà, nous sentons l'aiguillon de la défaite. Le temps de nous réveiller, nous voilà pris au piège. Notre blessure triomphe de nous. Et nous dépérissons.

Cette attraction quasi hypnotique est présentée par les Écritures comme la séduction du démon, le Tentateur. Au désert, Jésus est aux prises avec le Malin qui lui promet la royauté sur toutes choses terrestres. C'est-à-dire la satisfaction de ses moindres désirs, pourvu qu'il le serve. Mais ce jeu ne détourne pas le Christ de sa mission. Il reste ancré dans la Présence. Il sait que les désirs émanant des frustrations ne sont que des envies, une façon de compenser un mal-être.

Qui est-il, ce vil tentateur ? Le Diable, qui divise l'esprit (c'est d'ailleurs son étymologie, *diabolos*, « le diviseur »). D'un point de vue métaphorique, il s'agit bien sûr de l'ego blessé qui alimente la souffrance du monde comme une fournaise infernale. Et règne en maître incontesté. Le démon – l'ego – est à l'origine de tous les conflits, de tous les enfermements. Il refuse la lumière car il habite l'ombre. Il se nourrit de l'inconscience des hommes. Nous faisant quitter notre centre de gravité par des séductions fallacieuses, il se nourrit de notre blessure et la fait paradoxalement grandir.

Cet envoûtement par l'ego a bien failli coûter la vie à une jeune femme que j'ai accompagnée pendant plusieurs semaines. Élisabeth subissait les assauts quotidiens d'un compagnon violent et alcoolique. Elle aurait pu s'enfuir, mais au fond d'elle-même, elle était persuadée de mériter ce qui lui arrivait. Elle avait abdiqué. Par un subtil jeu d'influences, elle avait abandonné son centre de gravité à son partenaire. Elle lui avait confié les clés de son royaume. En prenant soin de ne pas la brusquer, ce qui aurait été contre-productif, j'ai dû la sortir de sa torpeur à plusieurs reprises. Le « sort » était puissant. Élisabeth trouvait sans cesse des excuses à son tortionnaire, se justifiait devant moi et devant le divin.

Notre travail a fini par porter ses fruits. Je lui ai enseigné l'art d'observer et de veiller et Élisabeth s'en est merveilleusement servie. Un jour qu'il avait frappé plus fort que d'habitude, elle a ressenti comme un appel, une force en elle qui lui intimait de se défendre. Ne sachant pas d'où lui venait cette fulgurance, elle s'est pourtant rendue le soir même au commissariat pour y déposer plainte. Sous le coup d'une ordonnance d'éloignement, son ex-compagnon a été contraint de lâcher prise et n'a plus jamais donné de nouvelles. Le cauchemar prenait fin.

Cette expérience a ouvert le cœur d'Élisabeth à la spiritualité. Elle m'a avoué qu'elle avait le sentiment de purger une vieille blessure, un karma non réglé. Aujourd'hui, elle se remet petit à petit de ce drame et panse ses blessures. Cette épreuve l'a grandie. Élisabeth a réalisé qu'elle n'avait plus à être le jouet de son histoire, de cette force obscure qui la poussait à quitter son centre de gravité et à s'abandonner au pire.

Rien ne sert de chercher ailleurs la salvation : nous ne la trouverons nulle part. Car notre centre de gravité n'est pas à l'extérieur de nous, à la périphérie. *Il est en nous.*

La véritable clé de l'existence est l'espace intérieur, c'est notre Grand Moi relié à tout ce qui est.

Nul autre que vous ne peut être vous à votre place, ni guider votre existence.

Or, cet espace intérieur a besoin d'être cultivé patiemment, sur le temps long. Imaginez-le comme les jardins suspendus de Babylone, une merveille du monde, la vôtre : des terrasses, des arbres à fruits, des senteurs rares, des kiosques, des oiseaux, une lumière de printemps. Si vous délaissez ce jardin, si vous en confiez la garde à quelqu'un d'autre, il sera vite envahi par les ronces et les mauvaises herbes, les terrasses s'écrouleront, les fruits seront gâchés. Et quand vous voudrez un beau jour y retourner, il ne vous appartiendra plus, comme l'illustre l'histoire d'Élisabeth, à laquelle il a fallu du temps pour tout reconstruire.

Vous ne pouvez confier les clés de votre jardin à personne. *In fine*, c'est toujours en vous que se trouve la solution. Jamais, *absolument jamais* chez les autres. Souvenez-vous de ceci : ce n'est pas tant la situation elle-même qui importe que la façon dont vous la percevez.

Changez votre regard et votre situation changera.

Avant toute chose, il est primordial de prendre conscience de votre valeur. Non pas une valeur marchande ou sociale. Celle de votre Être profond, un être unique, qui ne dépend de personne et d'aucune circonstance. Ce n'est pas en explorant le monde ou en rencontrant les autres qu'on découvre où se trouve notre centre de gravité ; c'est depuis celui-ci que nous entrons en relation avec l'autre. Quand une rencontre fonctionne, deux niveaux de réalité fusionnent dans une élévation commune et alors la beauté advient. En revanche, rien de sain ni de beau ne peut découler d'une dilution de l'un ou de l'une dans l'autre.

La Présence se manifeste naturellement en toutes choses, c'est l'essence même de la vie. Mais elle s'éclipse sitôt qu'on la malmène. De nombreux nuages viennent l'occulter. Ils s'appellent souci, colère, jalousie, orgueil, inconstance, lâcheté… C'est pourquoi il faut veiller. La vigilance est indispensable dans le monde matériel, qui est celui de l'impermanence. Un moment d'inattention, et le sens nous échappe : c'est naturel, nous sommes des êtres de chair et en tant que tels soumis à l'erreur et à l'errance.

CLÉ DE TRANSFORMATION

Veiller, c'est rester immobile intérieurement. Rentrez le plus souvent dans votre cabinet spirituel. Observez la vie, le monde, à partir de votre centre, avec les yeux de votre Grand Moi. Émerveillez-vous comme l'enfant qui découvre le monde, mais ne le juge jamais. Veillez. Et n'attendez pas que les problèmes surgissent dans votre vie pour vous y mettre ! Dès maintenant, vous êtes comblé par la Présence. Faites des réserves pour les jours de disette où il faudra être encore plus présent. N'oubliez pas que tout advient dans le temps long et que tout ce que vous faites aujourd'hui pourra être récolté demain.

Une dame est un jour venue me voir car elle cherchait l'apaisement. Son grand-père était décédé dans son jardin d'une crise cardiaque foudroyante. Fringant, toujours tiré à quatre épingles et passionné de jardinage, l'homme possédait notamment des massifs de rosiers exceptionnels qu'il se vantait d'avoir plantés et élevés par le seul fait de sa volonté. On venait des environs pour se régaler des couleurs et des senteurs qu'offrait ce petit coin de paradis. Humble de cœur, ce gentil papy faisait le bonheur de ses petits-enfants et arrière-petits-enfants. Il passait son temps à prodiguer les soins les plus précieux à ce qu'il appelait son « jardin merveilleux ». Hélas, à sa mort, de violentes dissensions ont divisé la famille. Au cours d'un vote à main levée chez le notaire, il fut décidé de vendre la propriété. Ce fut un crève-cœur pour ma cliente, qui aurait rêvé de racheter leurs parts à ses frères et sœurs. Mais ce n'était pas du goût de son mari et elle ne possédait pas les ressources nécessaires.

Quelques années plus tard, cette dame est retournée sur les lieux de sa jeunesse. Ah ! Que de souvenirs elle avait là, que de moments inoubliables ! Mais en se penchant par-dessus la clôture, le choc : en lieu et place des magnifiques massifs se trouvait une vilaine remorque rouillée et laissée à l'abandon. Toute trace du jardin merveilleux avait disparu. Dans les séances qui ont suivi, cette dame attachante a réalisé à quel point il était important de cultiver son espace intérieur : par le regret du jardin perdu, elle a compris que c'est ce qu'aurait voulu son grand-père. Le jardin merveilleux avait disparu physiquement, mais elle en avait repris la métaphore et elle se servait de cette « blessure », si l'on peut dire, pour évoluer dans la spiritualité. En elle seulement se trouvait l'énergie lui permettant de dépasser le deuil.

Aujourd'hui, cette dame médite régulièrement, se projette le moins possible dans l'avenir. Elle veille. De la sorte, elle accueille les mouvements de la vie sans leur résister. Et depuis la fin du protocole, elle a fait de belles rencontres !

Les plus belles choses arrivent à celles et ceux qui sont prêts à les recevoir.

Comme le grand-père, comme elle, veillez ! Nourrissez-vous de lectures inspirantes, allez en forêt, en montagne. La nature a un pouvoir prodigieux de renouvellement et d'émerveillement. Allez au parc, plantez de petites graines sur les jardinières de votre balcon. Mettez-y toute votre attention. Elles vont pousser et vous les observerez s'épanouir. Elles symboliseront votre croissance, la vie qui passe et se renouvelle. Elles seront l'expression de votre tranquille vigilance.

RITUEL

Du réveil corporel

Ce rituel vous permet de sortir en quelques minutes de l'enlisement : pensées, émotions qui vous tirent vers le bas et vous font oublier votre nature spirituelle. Comme le chien qui s'ébroue, adoptez le réflexe de vous secouer, littéralement.

Tout d'abord, tenez-vous droit et faites quelques assouplissements rapides. Inclinez le haut du corps vers le bas pour viser le sol avec vos doigts. Puis levez les bras en cherchant à atteindre le plafond. Imaginez que vous êtes un arbre qui étend ses branches. Ne cherchez pas la performance. Le but est de vous faire ressentir votre corps, de vous « déplier ». Le plus souvent, l'anxiété, l'inquiétude vous tendent et raidissent vos muscles et vos tendons. L'idée est de relaxer votre corps et votre mental.

Détendez votre mâchoire en l'ouvrant de bas en haut comme si vous alliez bâiller, puis latéralement.

Une fois ces mouvements effectués, ébrouez-vous comme si la poussière s'était accumulée sur votre corps. Allez-y franchement, secouez-vous !

Vous terminez en donnant des tapes sur vos fesses et l'arrière de vos cuisses jusqu'aux chevilles. Faites la même chose en remontant par les tibias et l'avant de vos cuisses. Voilà une excellente façon de vous réveiller de votre torpeur !

JOUR 12

Bilan de la deuxième semaine

« Ne jugez pas les choses comme un aveugle juge les couleurs. »

PROVERBE PROVENÇAL

Lors des jours 7 à 11, l'accent a été mis sur l'importance de ne pas juger. Que ce soit vous-même ou les autres. Parce qu'il est une émanation de votre ego qui nuit à votre équilibre, votre « juge intérieur » doit être remis à sa juste place de serviteur et non de maître. Dès aujourd'hui, le non-jugement doit devenir votre combat quotidien. Un combat spirituel.

Dénigrer ou se dénigrer, c'est exclure. Les partis pris, les avis tranchés, les jugements de valeur sont des pensées limitantes. Elles enferment l'univers entier dans des conceptions mentales qui ne laissent plus de latitude à la nouveauté. Elles instituent des identités là où il n'y en a pas. Elles restreignent votre créativité, car vous ne voyez qu'à travers leur prisme. En vous faisant croire qu'elles vous protègent d'autrui, elles vous briment. Si les autres vous jugent, ils s'isolent eux-mêmes. Et c'est à eux qu'ils font du mal. N'y attachez pas d'importance. Passez votre chemin. Votre identité ne dépend pas de ce qu'ils voient de vous. N'oubliez jamais que lorsque vous jugez les autres, le jugement se répercute toujours sur vous, et qu'il en va de même pour les jugements que les autres portent sur vous.

Tout va dépendre, désormais, du regard que vous portez sur le monde. Se juger soi-même, c'est saper sa propre énergie, c'est se saboter, c'est céder à la tyrannie de l'ego blessé. Beaucoup de gens ont conscience de se dévaloriser, mais ils ne savent pas comment en sortir. Voici ce que je leur dis : « Commencez par accepter qui vous êtes et ce que vous êtes, ici et maintenant. Cela ne demande aucun effort. Au contraire ! Il faut aller réveiller les ressources qui sont au fond de votre être. » Aujourd'hui, elles sont comme anesthésiées, mais ce n'est qu'une impression. Le voile de l'ego s'est refermé sur elles comme l'araignée sur sa proie. Or, il ne suffit que d'un peu d'effort et de volonté pour s'en dégager. Tout processus de guérison, de mieux-être, d'apaisement prend du temps. *Le bonheur est un état qui dure.* Il faut l'installer dans sa vie comme on instaure de bonnes habitudes. C'est long, mais cela veut aussi dire que le bonheur est accessible à tous et à tout moment.

Cultiver le non-jugement, c'est soigner sa blessure, celle qui affecte notre ego.

Elle revient en boucle, à la première incartade, comme un satellite dans notre ciel intérieur. Elle se réactive au moindre prétexte. Un mot de travers, une mauvaise journée, et elle réapparaît. Elle n'est jamais loin et rend fragile tout moment de joie. Elle provient de notre enfance et des différentes épreuves que nous avons traversées.

C'est la roue du karma. À chaque fois qu'elle se présente, opposez-lui une observation calme, mais déterminée. Voyez-la comme un nuage qui passe. « Oui, c'est ma blessure, je la reconnais, elle revient me tourmenter. Elle vient s'immiscer dans mes relations. » N'ajoutez pas de pathos à l'histoire, constatez simplement qu'elle est là. Ainsi vous ne vous identifierez plus à elle et elle perdra peu à peu de sa nocivité. Au début, elle sera souvent présente. Puis, avec les nouveaux outils que vous utilisez, elle perdra en vigueur. À terme, elle n'aura plus prise sur vous.

Votre blessure est un marqueur. Elle se rappelle à vous mais, contrairement à une idée reçue, elle n'est pas là pour vous tourmenter. *Elle agit comme un aiguillon qui vous rappelle d'être présent à ce que vous faites.* Dès que nous perdons le contact avec la Présence qui est en nous, nous sommes entraînés dans les méandres du temps. Nous voilà repartis dans le passé ou dans l'avenir. Nous ne sommes plus là. Grâce aux dix premières étapes du programme, vous savez désormais comment ramener votre attention à ce qui se passe ici et maintenant. Vous prenez une respiration profonde, vous observez l'éclipse de votre pensée et vous la ramenez tout doucement au présent, à ce que vous êtes en train de faire. Vous veillez.

Observation, non-jugement, vigilance sont les trois clés d'accès à un niveau de réalité supérieure. Elles sont le socle incontournable qui va renouveler votre énergie en profondeur.

TROISIÈME SEMAINE

Savoir vraiment désirer

JOUR 13

Apprendre à dire non

« Dire oui à tout et à tout le monde, c'est comme si on n'existait pas. »

TAHAR BEN JELLOUN

Avez-vous déjà remarqué comme il est difficile de dire non ? Pour certains, c'est mission impossible. Peur de décevoir ou de blesser, besoin de plaire, de prouver qu'on existe… Les exemples sont nombreux où l'on cède à la facilité de dire oui. Cela arrive quand, un beau jour, on n'a plus envie de se justifier ou de palabrer sans fin. On laisse faire, on laisse couler. Au risque d'accepter n'importe quoi ou de faire des choses déplaisantes. Cette incapacité devient un handicap quand on ne fait que répondre à la volonté des autres. C'est alors l'oubli de soi-même. À la longue, cet abandon de soi se transforme en une fuite des réalités. Il devient très difficile d'affronter le quotidien et de prendre des décisions seul.

Pour l'enfant, dire non est une manière de s'affirmer, d'afficher son autonomie. La désobéissance, les bêtises lui permettent de tester l'autorité, mais aussi les limites. En s'opposant, il affiche son désir.

Il existe donc en tant que personne, là où la volonté des parents et l'autorité tendent toujours à nier son individualité. À l'âge adulte, le désir s'émousse. Il se fond dans les convenances sociales ou professionnelles, au point qu'il est très difficile, pour un grand nombre de gens, de dire si ce qu'ils font relève de leur désir personnel ou d'une injonction de leur famille ou de la société. Aujourd'hui comme hier, tout conditionne l'être humain à agir, à travailler, à enfanter. Rien ne semble relever de son propre désir. Il faut tant obéir à des normes que la plupart d'entre nous perdent, au cours de leur vie, le pouvoir de dire non. On transige, on feint, on ment, on s'arrange avec soi-même. On se fait croire que c'est ce que nous voulons et nous faisons tout comme si notre espace intérieur n'était pas un désert…

Les personnes qui ne cessent de s'excuser le savent. Elles désobéissent inconsciemment à une norme imposée. Mais elles n'assument pas leur désir et ne savent pas plus que les autres dire non. Une de mes premières clientes, Laetitia, arrivait toujours dix minutes en retard à nos rendez-vous. Invariablement, elle commençait la séance en se confondant en excuses. Au travail c'était pareil : impossible d'arriver à l'heure. Il y avait toujours un détour, une exception, une raison. Elle avait subi à plusieurs reprises des remontrances de sa direction. Rien à faire. Elle se reprenait quelque temps, pour repartir de plus belle. Et elle craignait pour son poste.

Nous avons commencé par travailler sur son agenda. Dans quelle temporalité vivait-elle, en vérité ? Je lui ai proposé de réaliser un petit exercice d'observation tout simple. Dans un carnet, elle allait consigner avec précision tout ce qu'elle faisait. Cela partait de sa routine matinale, petit-déjeuner, toilette ; puis départ de son domicile, trajet, arrivée au bureau, pause déjeuner, etc. Il s'agissait de disséquer ses actions dans leurs moindres détails. À quels moments était-elle vraiment présente à ce qu'elle faisait ? Il n'était pas question de se juger, encore moins de s'inquiéter. L'exercice consistait à repérer un fonctionnement caché – ce qu'il y avait derrière ce niveau-là de réalité, autrement dit l'histoire qu'elle se racontait à elle-même pour arriver systématiquement en retard.

Au bout de deux semaines, nous nous sommes retrouvés pour faire le point. Laetitia a été surprise de constater qu'elle se laissait constamment déranger au bureau, par un coup de fil, un collègue bavard, une demande urgente. Elle y répondait sans réfléchir, croyant bien faire. À la fin de la journée, elle repartait épuisée. Combien de fois avait-elle rapporté du travail chez elle ? À la maison c'était pareil. Laetitia était ce bon petit soldat faisant passer tout le monde avant lui, subissant toutes les injonctions à ranger, nettoyer, organiser. En fait, tout dans sa vie n'était que tension, ordre, devoir. Son désir de vie (le simple fait d'aller au cinéma, par exemple), elle avait du mal à l'entendre. Et sa façon à elle de dire non, c'étaient ses retards intempestifs. Au fond, elle se mettait par là en résistance, se protégeait.

Je lui ai alors fait remarquer qu'elle avait inversé le fonctionnement naturel des choses : Laetitia disait oui à tout, sauf à son désir. Manquant de confiance en soi, elle craignait toujours de décevoir. Si bien que les tâches qu'elle aurait pu exécuter en deux heures lui en demandaient six. Elle perdait du temps à des choses inutiles et elle manquait donc cruellement de temps. Elle n'aimait pas sa vie non pas parce qu'elle était mauvaise en soi, mais parce qu'elle la subissait. À force de consentir à tout, plus rien ne lui appartenait.

Au bout de notre expérience, sa vision du monde a complètement changé. Laetitia a pris conscience de sa blessure. Jusqu'à ses 18 ans, les relations avec sa mère avaient été très tendues. C'est à ce moment que cette dernière était décédée. Toutes deux n'avaient pas réglé leurs comptes et Laetitia en avait éprouvé une grande culpabilité. Toute son adolescence, elle s'était opposée à elle. Jamais, semblait-il, leurs opinions n'avaient convergé. Alors, pour échapper à ces conflits, elle avait pris l'habitude de lui dire oui en face, mais de ne pas tenir ses promesses. Même avant de mourir, sa mère et elle ne s'étaient jamais avoué leur amour.

Laetitia a appris à s'observer elle-même, sans juger son comportement. Le carnet qu'elle a rempli lui a permis de remettre de l'ordre dans ses priorités. Je lui ai suggéré de nommer ce qui, dans son cœur, pouvait générer un oui franc et massif. À quelles activités avait-elle envie de dire oui ? Ainsi a-t-elle commencé à s'octroyer un après-midi ou une soirée par semaine pour faire ce qu'elle aimait vraiment : apprendre le dessin, par lequel elle parvient aujourd'hui à s'exprimer. Pour elle, l'art a été un moyen de se reconstruire et de réinvestir dans le monde sa propre volonté.

Avec le temps et sa nouvelle routine, Laetitia a appris à dire non posément, quand elle n'est pas disponible ou tout simplement quand elle n'a pas envie. Elle se sent en paix avec sa mère. Elle n'a plus besoin de s'opposer à elle. Elle n'est plus en réaction vis-à-vis d'une autorité. Et cela se reflète dans ses relations et dans son travail. On lui a même adjoint une assistante qui prend en charge une partie de ses tâches. Comme quoi, tout est possible. Laetitia a pris conscience du pouvoir de son oui et de son non. Elle honore désormais ses rendez-vous sans être en retard. Et si cela arrive fortuitement, elle utilise des formules positives : « Merci de m'avoir attendue », et non plus : « Je suis désolée. »

CLÉ DE TRANSFORMATION

La leçon d'aujourd'hui pourrait se résumer ainsi : apprenez à dire non pour apprendre ensuite à dire oui. Que votre oui soit un oui, et que votre non soit un non.

Que ces deux mots si fondamentaux n'émanent que de vous-même, non des attentes des autres ou des idées que vous vous faites de leurs attentes.

Apprenez à vous opposer pour affirmer votre identité. Cessez de vous réfugier dans la complaisance qui consiste à utiliser la volonté des autres pour guider votre propre vie. C'est cela, dire non : se réapproprier soi-même, assumer ce que nous sommes, sortir de ce schéma voulant que nos désirs abdiquent devant ceux des autres ou que nous nous sentions coupables de les avoir.

C'est une règle simple : non, c'est non.

Si vous êtes aligné avec vous-même, vous verrez d'ailleurs que jamais personne ne vous en voudra de dire non. Au contraire, les autres vous remercieront d'être authentiquement avec eux ; et quand vous direz oui, votre assentiment aura bien plus de force.

RITUEL

Du oui et du non

Tenez-vous debout, les bras le long du corps, sans tension.

Prenez une grande respiration.

Regardez droit devant vous et affirmez à plusieurs reprises : « Non ! » Dites « non » pendant une bonne minute, d'un ton déterminé mais sans tension. Affichez en même temps un franc sourire.

Répétez l'expérience une bonne dizaine de fois. Installez-vous dans cette posture intérieure. Que ressentez-vous en affirmant ce « non » sans froncer les sourcils ? Êtes-vous tendu ? Arrivez-vous à garder le sourire en affirmant votre non ? Persévérez !

Vous allez faire la même chose maintenant en disant « oui » d'un air grave et sérieux. Imaginez que vous signez un contrat qui vous engage. Est-ce naturel pour vous de dire oui avec un visage crispé, et non avec le visage ouvert ?

Refaites à présent les mêmes exercices en inversant les mimiques : oui avec le sourire et non avec le front sérieux. Soyez attentif aux émotions que tout cela provoque en vous.

Ce rituel est une gymnastique qui vous permet de vous aligner avec votre être intérieur. Renouvelez souvent l'expérience, et notamment dans les moments d'incertitude.

JOUR 14

Accepter les obstacles

« Les obstacles ne bloquent pas le chemin : ils sont le chemin. »

PROVERBE ZEN

Conséquence inévitable de la démarche précédente, en apprenant à dire non, à vous opposer, vous allez vous apercevoir que *vous ne savez pas ce que vous voulez*. Pas de panique, cela va se résoudre petit à petit : par un effet miroir, pourrait-on dire, vous devez nécessairement passer par le non avant d'accéder au oui. Il vous faut d'abord vous débarrasser du désir des autres qui vous a envahi, assujetti, pour accéder à votre volonté propre : passage douloureux, mais obligé !

Ainsi donc : « Vous ne savez pas ce que vous voulez ! » C'est ce que j'ai dit un jour à un client stupéfait, alors qu'il me confiait la problématique qui l'avait poussé à me consulter. Jérôme tentait de résoudre une situation familiale compliquée et venait chercher un peu de réconfort. « Vous ne savez pas ce que vous voulez, lui ai-je dit, parce que si vous le saviez, vous ne seriez pas là, à lutter contre vous-même. » Comme il restait muet d'étonnement, je lui ai expliqué mon point de vue.

Face à une difficulté, la plupart des gens se braquent. Ils voient l'obstacle comme une entrave à leur liberté. Ils cherchent par tous les moyens à s'en sortir en faisant intervenir leur sens logique et leur mémoire. À force de lutter, ils s'épuisent comme la mouche contre la vitre. Elle veut parvenir au jardin devant elle, mais elle bute contre le verre qu'elle ne perçoit pas. Parce qu'elle s'obstine, elle n'a pas vu, un peu plus loin, la porte-fenêtre grande ouverte qui lui offre la voie de la liberté.

Si nous cherchons à retirer une épine du pied, nous devons procéder avec calme et méthode, c'est-à-dire avec toute l'attention requise. Nous commençons par repérer l'endroit où elle s'est fichée, puis nous prenons une aiguille pour la déloger. Si nous nous acharnons à charcuter la zone, nous risquons fort de l'enfoncer un peu plus et de nous retrouver chez le médecin qui l'extraira pour nous – voire de la garder à vie !

L'obstacle est un révélateur. Il apparaît parce qu'il a quelque chose à nous dire. Si nous ne l'accueillons pas, si nous entrons en résistance contre lui, il sera impossible à dépasser. L'épreuve fait sortir l'ego de sa tanière. Il la combat de toutes ses forces, s'oppose à elle et en ressent une profonde injustice. « Pourquoi cela m'arrive-t-il à moi ? » Cette incompréhension laisse place à une peur viscérale, incontrôlable. Elle s'élève contre nous comme un adversaire tout-puissant. Le mot « adversaire » est dérivé du latin *adversus*, « qui s'oppose », « qui fait face », « qui est à l'opposé de ». L'adversaire, c'est celui qui se met en travers de notre chemin et qui nous bloque. Nous pouvons l'affronter ou fuir. Sachez cependant qu'en vous mesurant à lui, c'est à vous-même que vous vous mesurez. Vous êtes donc assuré de perdre la bataille, puisque les forces sont égales. Si vous cherchez en revanche à vous échapper, l'adversaire se représentera sous une autre forme, une autre fois. Et vous n'aurez gagné qu'un court répit.

La peur est l'unique cause des échecs que nous vivons. Elle est le dénominateur commun de toutes les émotions telles que la jalousie, la culpabilité ou la honte. Peur de perdre, de manquer, de décevoir, d'échouer. Crainte pour l'avenir. C'est ce que l'obstacle vient pointer chez chacun de nous. Ces émotions nous aveuglent, elles nous désaxent de notre centre de gravité. Elles nous plongent dans l'illusion que nous ne pourrons pas nous en sortir par nous-mêmes. Et nous finissons par le croire.

Tout cela n'est qu'une nouvelle manière, déguisée, de fuir le moment présent. Rappelez-vous : si vous êtes inquiet, agité, c'est que vous n'êtes plus ici et maintenant. Regardez autour de vous. Y a-t-il un danger immédiat, tandis que vous lisez ces lignes ? Si c'était le cas, vous n'auriez pas le temps de vous poser de questions, vous auriez déjà agi. Votre instinct de survie aurait pris le dessus. Dans tous les autres cas où agir immédiatement n'est pas requis, c'est notre ego qui s'agite et nous plonge dans le chaos.

Se battre ou fuir, alors ? Ni l'un ni l'autre ! En réalité, le seul comportement que nous devons adopter devant l'adversaire c'est de faire ami-ami. Si j'affirme que vous ne savez pas ce que vous voulez, c'est parce que, si vous le saviez, vous auriez une tout autre approche de l'adversité. C'est-à-dire que vous ne lutteriez pas contre l'obstacle. Vous seriez déjà à œuvrer *avec lui*. Au lieu de vous laisser dévorer, vous apprendriez de l'épreuve et grandiriez grâce à elle. Vous gagneriez en sagesse.

L'adversaire est un outil puissant de prise de conscience.

Tout ce que nous avons appris dans la vie, ne serait-ce qu'une activité aussi fondamentale que la marche, a commencé par une série d'obstacles. Les jeunes enfants ne luttent pas contre eux-mêmes quand ils essaient de marcher pour la première fois. Ils tombent, se relèvent, tombent à nouveau. Ils savent ce qu'ils veulent. À force, ils trouvent en eux les ressources nécessaires pour tenir debout. Si nous voulons vraiment qu'une situation change, commençons donc par troquer nos anciennes habitudes. Ne voyez pas le mal apparent, mais le niveau de réalité que vous allez atteindre. Ne vous battez pas mais honorez la difficulté pour la faire vôtre. Incorporez-la.

Quand une personne ou une situation s'oppose à vous, la première chose à faire, c'est d'accueillir vos différentes émotions. Est-ce de la colère, de l'angoisse, du découragement ? Nommez-les, reconnaissez-les. Elles sont humaines et se présentent précisément pour que vous en preniez conscience. Ce qui vous traverse est une manifestation de votre corps. En somme, c'est une réaction, rien d'autre. Cette réaction est naturelle et légitime. Mais ce n'est pas vous. Alors ne vous identifiez pas à elle.

CLÉ DE TRANSFORMATION

Votre mission d'aujourd'hui consiste donc à prendre simplement conscience de ceci : toutes les fois où vous croyez ne pas être capable de surmonter un obstacle, c'est que vous ne savez pas exactement ce que vous voulez. Au lieu de vous battre contre vous-même, demandez-vous alors de quelle façon vous allez transformer l'adversaire en allié. Il s'agit de bon sens et d'intelligence.

Ne surinterprétez pas les défis qui se présentent à vous. Regardez-les comme une façon d'affirmer qui vous êtes. On dit bien que les gens révèlent leur vraie nature dans les moments de crise. Et si l'adversaire était là, en fin de compte, pour vous inviter à plus d'être et plus de puissance ?

RITUEL

Du saut d'obstacles

Le matin, prenez cinq à dix minutes pour méditer.

Assis confortablement, portez votre attention sur votre respiration.

Écoutez-vous respirer, laissez vos pensées vagabonder sans vous y attacher.

Au milieu de la journée, au moment du déjeuner par exemple, faites une pause pour réfléchir à vos défis du jour. Demandez-vous si ces défis sont vraiment importants à long terme et s'ils représentent des obstacles à votre bien-être. Vous pouvez évaluer l'importance que vous leur donnez, en les notant sur une échelle de 1 à 10, par ordre croissant de priorité.

En les écrivant, vous remarquerez qu'ils paraissent démesurés par rapport à ce qu'ils sont vraiment. Vous pourrez ainsi revoir vos priorités et vous concentrer sur ce qui requiert votre attention.

Le soir, en relisant vos notes de la journée, soyez reconnaissant d'avoir pratiqué votre rituel. Il vous a permis de mettre en perspective les obstacles que vous rencontrez et de distinguer les fantasmes de la réalité.

JOUR 15

Reconnaître son désir

« Le point de départ de toute réalisation est le désir. »

Napoléon Hill

Quand on est enfant, on ne sait pas toujours pour quoi l'on est fait. Les désirs varient selon les saisons. Je ne sais pas pour vous, mais jusqu'à mes 10 ou 12 ans, je rêvais d'être tour à tour pompier, garagiste, pianiste… et même facteur ! Très tôt, cependant, j'ai réalisé que je n'étais pas un bambin comme les autres. La nuit, je me dressais dans mon lit et je voyais des ombres. Ma chambre disparaissait et je ne trouvais plus l'interrupteur du plafonnier. Dans mon agitation, j'avais dû faire tomber ma petite lampe de chevet. Aussi, je cherchais sans succès la porte de ma chambre pour m'enfuir, mais elle aussi s'était évaporée. On a dit que j'avais des paniques nocturnes. Il n'en était rien. Dans mon cœur d'enfant, je savais. Je percevais la présence silencieuse d'êtres mystérieux venus d'une autre dimension. Oh, ils n'étaient pas méchants. Ils étaient là, c'est tout. Ces ombres m'observaient et je les observais en retour. Au bout d'un moment, je retournais me coucher, mais j'étais soudain pris d'effroi à l'idée d'être séparé de ma mère. Je l'appelais au secours. Au bout de ce qui me semblait une éternité, elle ouvrait la porte et allumait. Tout rentrait dans l'ordre avec un câlin et des mots rassurants. Mais comment expliquer à mes proches ce que j'avais vu, quand eux n'y trouvaient qu'imagination et cauchemars ?

Aujourd'hui, je sais que ces événements nocturnes et enfantins étaient la manifestation d'un autre niveau de réalité, celui des Guides. Un appel. Le premier contact. Mais je ne l'ai compris que beaucoup plus tard. Après ces manifestations de prime jeunesse, plus rien. Les années ont passé et j'ai grandi. Vers 13 ou 14 ans, j'ai commencé à m'intéresser puis à me passionner tout à fait pour l'ésotérisme. Tout mon être était tendu vers une quête spirituelle mais, le plus amusant, c'est que je ne savais pas du tout ce que je cherchais. On avait posé la main sur mon épaule et puis on s'en était allé, me laissant dans le plus complet silence. Quelque chose avait été déposé au fond de moi et la porte s'était refermée.

Durant de longues années, je n'ai pas su ce que je voulais faire de ma vie. Je ne connaissais pas mon désir. Je voyais les autres s'inscrire en école ou à l'université. Ils faisaient des projets, s'engageaient dans des voies ou des passions. Je les observais de loin, mais je ne trouvais rien en moi de comparable. Sous la pression de mes parents, j'ai dû choisir une activité. Il fallait bien « faire » quelque chose. Cependant, même si j'agissais, au fond j'ignorais totalement la raison pour laquelle j'étais venu au monde. Une seule chose me paraissait sûre : il était hors de question de vivre comme les autres. Les études, le monde du travail, la carrière, le mariage, tout cela m'était indifférent.

Isolé, je bayais aux corneilles dès que les gens parlaient de leur métier, de leur couple. J'avais l'impression de venir d'une autre planète. Ce que j'aimais, moi, c'était la musique. Je passais de longues heures au piano. Les gammes me barbaient. Mon désir, c'était de composer, de réécrire à ma façon les œuvres célèbres qui me touchaient. Je ne me sentais pas destiné à intégrer un cursus étroit et rigoureux. Je n'étais pas formaté. Et puis, en creux, il y avait toujours ce manque, cette soif d'absolu que rien ne venait combler. Je sentais que quelque chose me travaillait, que « ça » me cherchait. Mais quoi ? Il y avait un « je-ne-sais-quoi » à comprendre qui était de l'ordre de l'intuition, non de la raison.

Alors j'ai commencé à prier. Pour moi, pour les autres, pour l'humanité. Je priais de la façon la plus simple possible. Partant de là, j'ai très vite ressenti le besoin d'étudier les grands textes, de la Bible aux écrits du bouddhisme en passant par la *Bhagavad-Gita*. Je dévorais les textes sacrés. Cela me nourrissait en profondeur. Je ne comprenais pas tout, tant s'en faut. Mais je percevais une unité secrète dans la diversité des enseignements.

Un peu plus tard, j'ai commencé à méditer. En prenant quelques respirations conscientes et profondes, je me rassemblais autour de mon centre de gravité. Là, je me voyais descendre dans un ascenseur transparent qui m'emmenait jusqu'aux tréfonds de mon âme. Je me sentais chez moi, dans mon élément durant ce voyage intérieur. Je m'étais créé un cabinet spirituel. C'était comme *Vingt Mille Lieues sous les mers*. Un univers peuplé de créatures étranges apparaissait devant mes yeux. Je sentais en ce lieu une bienveillance infinie, une force alliée qui dépassait tout ce que j'avais pu connaître. C'était la dimension angélique, une puissance d'amour inouïe, à peine supportable tant elle était prégnante. Il me fallait parfois en sortir pour prendre toute sa mesure. Mais une force irrésistible m'y ramenait, et je goûtais à nouveau ses délices. Le plus fort était que je me sentais tout à fait conscient, voire hyperconscient. Pas une fois je n'ai perdu connaissance. Ce n'était pas du sommeil ni un rêve éveillé. C'était un surcroît de réalité.

Mon âme était nourrie par un cordon argenté reliant mon corps physique à mon corps énergétique. Durant cet échange extraordinaire, je recevais des informations, un peu comme on télécharge des fichiers sur un ordinateur. Ces informations me nourrissaient, me régénéraient. C'était la conscience universelle, la Présence qui déversait sa sagesse en moi, les précieuses guidances au goût unique.

À cet instant précis de ma vie, je n'avais pas vraiment le contrôle sur ce que je faisais : la découverte s'opérait sous les augures mêlés d'une sorte de grâce et de ma volonté. Beaucoup plus tard, j'ai compris que cet état de conscience pouvait être provoqué, induit par une pratique adaptée. Depuis ce noyau spirituel, j'ai peu à peu réussi à tirer les messages de l'autre monde, pour moi et les autres. C'est ainsi que je suis parvenu à devenir ce qu'on appelle un « médium », un intermédiaire, un *go-between*, une interface entre le monde angélique et le monde matériel.

Au cours de ces moments privilégiés, j'ai compris qu'il existe une puissance d'amour incommensurable exerçant sur nous une attraction magnétique irrésistible. Une sorte de vortex de lumière intense : la fréquence vibratoire ultime. J'ai compris que l'être humain, dans sa dimension actuelle, ne peut s'y exposer durablement. C'est comme s'approcher du soleil : toute chair y serait instantanément consumée. C'est le sens de la mort. Non la fin de la vie, mais la résurrection du corps glorieux, c'est-à-dire du corps de lumière. La puissance abrasive de la mort est telle qu'elle brûle les scories du mental, les blessures, toutes les imperfections pour ne laisser transparaître que l'Amour.

En définitive, c'est la Présence qui me cherchait. En la découvrant, j'ai réalisé que le désir est par essence spirituel. C'est-à-dire qu'il existe avant sa manifestation dans le monde matériel, celui de la forme. Le désir ne vient pas du Petit Moi, du mental. Il surgit du silence, du vide intersidéral. Il vient du néant, tel que le conçoivent les hindous.

Cette période de ma vie, ces années fondatrices sont restées ancrées en moi et constituent le socle de mon travail. J'ai l'intuition que tout ce qui m'a été envoyé révèle jour après jour le chemin de vie que mon âme a désiré emprunter avant de s'incarner. Or ce n'est pas quelque chose qui m'est propre : c'est le cas pour chacun d'entre nous. Je ne crois pas nécessairement à une « mission » que l'on aurait à remplir en venant ici-bas. J'accorde plutôt mon crédit à l'idée d'une *vocation*. Celle de fils et de filles de la Lumière s'incarnant pour faire l'expérience de la matière et du monde.

En sondant les profondeurs de votre âme, vous allez entrevoir votre vocation, l'approcher, l'apprivoiser.

Tout ce que nous pouvons souhaiter pour notre vie – une famille unie, une belle carrière professionnelle, une maison avec plein d'enfants, des voyages… –, tout cela vient du divin, de la Présence. Dans une civilisation aussi peu portée sur la spiritualité que la nôtre, ce peut être difficile à comprendre, mais ce n'est pas nous qui désirons. C'est la vie, l'univers qui cherche à s'exprimer à travers nous. Nous privilégions toujours le mental, alors que la véritable existence se déroule sur un autre niveau. Pour le concevoir, il s'agit de se calmer, de s'arrêter de bouger et de se relier à son être subtil. De la sorte, nous commençons à le sentir : *la Vie désire en nous*. Elle cherche à se manifester à travers nous, en nous, pour nous. L'Être nous cherche. Il demande à faire l'expérience de la vie par notre truchement. C'est pourquoi chaque personne est appelée à vivre sa dimension divine, un éveil qui lui est unique.

La plupart du temps, le désir est perçu comme une souffrance. Dès qu'il apparaît, le mental s'en empare et cherche à le contrôler. Nous ressentons la griffe du manque. Il faut à tout prix le combler. Lamartine écrivait : « Un seul être vous manque et tout est dépeuplé. » Cet être, c'est la Présence, c'est notre part de divin. Quand nous la perdons, nous en sommes orphelins, nous vivons une sorte de chute et nous retombons dans d'anciens schémas, toujours répétés. Le temps revient au galop. Le mental, qui veut tout contrôler, nous donne l'illusion d'une séparation. Nous repartons dans les souvenirs et nous nous projetons à la fois dans un futur hypothétique…

Lorsque nous avons ressenti la Présence puis que nous l'avons perdue, nous nous disons que c'est notre faute, que nous ne sommes pas faits pour le bonheur. Aussi le désir est-il souvent teinté de culpabilité. « Suis-je bien légitime à vouloir ceci ou cela ? Est-ce que j'en demande trop à la vie ? Peut-être le fait de désirer apporte-t-il son lot de malheurs ? » Ici, c'est le mental qui parle : un mental tyrannique et superstitieux. En réalité, la blessure se réveille chaque fois que nous désirons. C'est étrange, mais elle n'est pourtant pas là pour nous contrarier. Elle nous invite à lâcher prise et à accepter ce que nous ressentons. Il n'y a pas trente-six façons de s'apprivoiser. Tous ceux qui laissent leur désir s'exprimer ont, en quelque sorte, domestiqué leur ego et ne permettent pas à leurs peurs et à leur passé de dicter leur loi.

Une regrettable confusion s'est immiscée dans l'interprétation des mots du Bouddha. Selon la doctrine qu'on entend un peu partout, il est dit que « le désir crée la souffrance ». Supprimez le désir et vous ne souffrirez plus… Si l'on suit ce cheminement, le bonheur serait alors l'absence de désir. Selon moi, c'est se méprendre sur le sens profond de l'enseignement bouddhiste. Ce n'est pas le désir qui est en cause puisqu'il est la source de la vie. Ce qu'il faut quitter, c'est *notre attachement à ce désir*, sa chosification. Ne parle-t-on pas d'« objet de désir » ? En nous crispant sur lui, nous en faisons un objet d'attachement, une idole. C'est le fameux veau d'or de l'Ancien Testament. Nous voulons le posséder. Ce n'est plus la belle intuition qui nous guide, mais l'obsession d'une possession matérielle. En nous comportant de la sorte, nous plaçons l'objet de désir avant le désir lui-même. L'ego vient de débarquer ! Et avec lui, son obsession pour le contrôle, l'aménagement, la fixité.

Ce n'est pas l'objet de désir ou la possession, c'est *le fait même de désirer* qui apporte de la joie.

Au fond, peu importe ce que l'on acquiert, les biens, les chiffres et les médailles. Ce qui compte, c'est le moment où, en désirant, nous vivons une reconnexion à la Présence, qui nous fait entrevoir le sommet de l'expérience humaine, une forme d'absolu.

Ainsi, la seule tâche qui nous incombe, c'est de reconnaître notre désir. Ne cherchez pas le pourquoi ou le comment. Le désir est, lui aussi. Il est une manifestation pure et parfaite de cet « ici et maintenant » dont nous parlons depuis le début de notre parcours. Observez-le, cultivez-le, mais ne cherchez jamais à vous l'accaparer ou à le figer car, alors, vous le détruiriez. À travers lui, le divin travaille en nous : laissez donc le divin œuvrer ! C'est le sens des paroles du Christ quand il affirme : « Cherchez d'abord le Royaume des Cieux et tout le reste vous sera donné par surcroît. » Le Royaume, c'est le Désir qui se manifeste en nous, la Présence qui nous appelle. Il est sincère et juste. Ne l'éteignez pas par vos doutes, vos remords ou votre culpabilité. Laissez-le prendre la forme qui lui convient : l'amour, la passion, le sport, l'art, la prière, la contemplation… Ce qui importe, ce n'est pas l'objet, c'est de désirer.

CLÉ DE TRANSFORMATION

Tout existe et tout peut être réalisé ici et maintenant, sans délai. C'est la clé du bonheur et du changement. Mettez-vous au diapason de votre Grand Moi. Ne craignez pas, ne doutez pas. Tout le travail d'observation que vous réalisez au quotidien, l'absence de jugement, le fait de vivre au maximum au présent, d'apprendre à dire non, tout cela vous conduit à un éveil spirituel. Cet éveil, c'est justement ce flux de désir qui vous irrigue et vous relie à l'univers. Lorsque vous le ressentez, tout prend sens : les choses humaines, le passé et le futur, les besoins deviennent relatifs. Le fait d'exister ici et maintenant vous suffit.

RITUEL

Du cordon d'argent

Ce rituel vous permet de prendre conscience
du lien naturel que vous entretenez avec la Présence.
Ce lien s'exprime sans cesse en vous et autour de vous.

Assis confortablement, joignez les mains en les reposant
l'une sur l'autre comme le font les méditants.

Après deux ou trois respirations profondes,
fermez les yeux et placez vos deux mains sur votre nombril.

Mettez toute votre attention sur cette région
et ressentez alors la douce chaleur qui en émane,
comme une vapeur enveloppante.

Prenez quelques minutes
pour observer ce phénomène apaisant.

Tout en maintenant vos mains posées sur votre ventre,
sans tension, visualisez alors un cordon d'argent qui part de votre
nombril pour rejoindre les étoiles. Il n'a pas de limites.
Sentez ce lien puissant et protecteur qui vous relie à l'univers
tout entier. C'est un lien nourricier qui produit
une belle énergie en vous.

Contemplez intérieurement ce cordon argenté,
voyez redoubler son rayonnement.

Restez plusieurs minutes
dans cette visualisation puissante.

Quand vous ouvrez les yeux, remerciez l'univers, soyez
reconnaissant d'être en vie, ici et maintenant.

JOUR 16

Distinguer désir et envie

« Qui mieux que vous sait vos besoins ?
Apprendre à se connaître
est le premier des soins. »

JEAN DE LA FONTAINE

Le désir, c'est la vie. Nous sommes des êtres de désir. Notre vocation est de le réaliser dans le monde de la forme : nous faisons des projets, nous aspirons à une vie meilleure, plus équilibrée. C'est le désir qui nous y pousse. C'est pour cette raison que je dis souvent que le désir est avant tout spirituel : il se manifeste en nous depuis le « rien », le vide apparent qui compose 99,9 % du monde. Notre désir vient de cette dimension invisible. C'est la partie immergée de l'iceberg. Nous ne savons pas d'où il vient, ni où il va, mais il nous anime et nous pousse à agir.

Plus on connait son désir et plus sa réalisation est certaine.

C'est une question de vision. Mais attention, nous pouvons ardemment désirer gagner au loto et ne jamais rien remporter ! De nombreuses personnes bâtissent des châteaux en Espagne. Elles échafaudent des projets, se construisent mentalement une vie idéale, sans contraintes. Disons-le tout de suite : *cela n'est pas le désir*. C'est du fantasme. Et l'on peut passer toute sa vie à rêver sans jamais décoller de son canapé. Comme le dit l'adage, il faut vivre ses rêves et non rêver sa vie.

Ce que j'appelle le désir n'est pas de l'ordre du besoin. Le besoin est essentiellement ce qui assure la survie (manger, boire, dormir) et le bien-être. Il existe des besoins physiques, émotionnels (affection, estime de soi), sociaux (famille, amis, partenaire). Ils répondent à notre incarnation et restent bien entendu incontournables.

Le désir n'est pas non plus de l'ordre de l'envie. Cette dernière est souvent proche d'une volonté de posséder, et elle est très reliée au plaisir. Bien que besoin et envie soient très proches, l'envie est plus précise que le besoin et implique une action immédiate. J'ai besoin de manger, mais j'ai envie d'une pizza. Nous pouvons avoir besoin de nous hydrater, c'est indispensable. Mais ce que nous allons boire dépend de notre envie. Une boisson pétillante ou l'eau du robinet. Ce sont deux niveaux de réalité.

Besoin et envie : ces deux notions ne décrivent donc pas le désir, mais paradoxalement, elles peuvent en être les prémices. L'envie d'une glace peut répondre à un désir de nous autoriser quelque chose, de nous faire plaisir, de lâcher prise. Si nous ressentons le besoin d'être seul, il s'agit certainement du désir de nous retrouver avec nous-même et de vivre en paix. Le désir résonne davantage comme une aspiration profonde et vise le long terme. Il annonce toujours une vision nouvelle, une voie à suivre, à l'inverse du besoin et de l'envie, plus limités dans l'espace et le temps.

Le désir en lui-même relève du flux de vie et de l'intuition.

Lorsque nous avons l'intime conviction que notre vie doit changer, une intuition secrète qui nous pousse à creuser dans cette direction, c'est le désir qui s'exprime. Si vous êtes prêt à changer, permettez-lui de prendre place et de croître en votre cœur. Dans ces instants, demandez-vous ce qui vous attire spontanément dans la vie. Écoutez-vous et remarquez les images qui reviennent : s'agit-il de paysages marins, de montagnes, de campagne, de ville ? Vous sentez-vous encombré ? Avez-vous trop d'objets autour de vous ? Trop d'occupations, trop de contraintes ? Ou vous sentez-vous plutôt mis à nu ? Isolé ? Êtes-vous à l'aise dans votre corps ?

Et voici que désir, envie et besoin se rejoignent. Car une fois que votre intuition a obtenu droit de cité en votre âme, vous vous demandez automatiquement ceci : « De quoi ai-je envie aujourd'hui ? Comment pourrais-je agir de telle sorte que ce que je mange, bois, lis, écoute, fais, découvre honore mon désir le plus profond ? Comment me rapprocher, au quotidien, de ces images de bonheur qui affluent dans mon esprit ? » Vous faites alors découler vos envies de votre désir et en les accomplissant, vous vous rapprochez de vous-même, vous vous reliez à ce « flux » dont je parlais au chapitre précédent.

CLÉ DE TRANSFORMATION

Pour aujourd'hui, apprenez donc à bien distinguer les besoins vitaux des envies, et les envies du désir qui vous anime. En les hiérarchisant, vous saurez vous faire plaisir tout en donnant une direction adéquate à votre vie.

RITUEL

De discernement

Au calme, chez vous ou dans un parc, fermez les yeux et ramenez votre esprit au moment présent.

Puis, à l'aide d'un carnet et d'un stylo, notez, sans réfléchir, tous les besoins, les envies et les désirs qui vous viennent à l'esprit. Ne vous censurez pas, laissez simplement les mots et les idées s'écouler sur le papier.

Une fois que vous avez terminé, relisez ce que vous avez écrit et tâchez de classer ces besoins, envies et désirs en deux catégories : essentiels et non essentiels.

Pour chaque élément qui vous paraît essentiel, réfléchissez à pourquoi il est important à vos yeux et comment il impacte votre vie quotidienne.

Pour les désirs non essentiels, voyez ce qu'ils apporteraient à votre vie et pourquoi ils vous attirent.

Terminez enfin ce rituel en prenant quelques minutes pour méditer sur ce que vous avez découvert.

Ce rituel vous aidera à mieux comprendre (discerner) ce qui est important pour vous et à prioriser les actions à mener en conséquence.

JOUR 17

Prendre de la distance avec son histoire

« Rien n'est plus caché à nos yeux que l'illusion dans laquelle nous vivons. »

HENRI-FRÉDÉRIC AMIEL

Un jour, j'ai eu une vision. Je m'en souviens comme si c'était hier. Je me trouvais aux premières loges d'un prestigieux théâtre parisien. Les gens prenaient place autour de moi. Soudain, les trois coups ont retenti depuis les coulisses. Mais lorsque le rideau s'est levé, j'étais passé sur la scène, au centre d'un décor de salon où plusieurs personnages interagissaient avec moi. Je ne saisissais pas la teneur de nos échanges, mais je pouvais percevoir toutes les émotions qui s'en dégageaient. Il y avait des rires, des pleurs, des cris, des silences.

J'étais immergé dans une réalité, la mienne, pourtant cette réalité me semblait totalement étrangère. C'était mon cadre naturel, mais le jeu des uns et des autres m'apparaissait comme fantasmé, exagéré. Je voyais se succéder autour de moi mes parents, mes frères et sœurs, les gens que j'ai connus et ceux que j'ai perdus de vue. Le décor changeait tout le temps, les personnages aussi. À un moment, j'apprenais que mes parents étaient morts, que mes sœurs avaient donné naissance à des enfants que je voyais grandir. Je pleurais pour les deuils et je me réjouissais pour les nouveau-nés. Tout passait très vite et très lentement à la fois, et j'observais ce ballet ininterrompu de façon étrange : totalement impliqué, et en même temps avec un certain détachement. Comme si tout cela n'était qu'un drame en trois actes qui se terminerait dans les applaudissements, avant un cocktail de fin de soirée…

J'aurais pu demeurer encore longtemps dans cet état, mais la sonnerie du téléphone m'a ramené à la réalité. Le temps de reprendre mes esprits, j'ai ressenti un certain malaise. La vie se résumait donc à cela ? Une banale pièce de théâtre ? Nous arrivons, nous repartons. Entre-temps, nous jouons un rôle. Et c'est tout. C'est alors que j'ai compris que la vie, en un sens, est une illusion. Je parle de cette vie-ci, sur le plan de la matière. Tout passe ici-bas, rien ne dure éternellement. La chair est mortelle ; un jour ou l'autre, nous sommes rappelés et tout ce qui nous animait et avait de l'importance aux yeux de notre mental retourne au néant.

CLÉ DE TRANSFORMATION

La doctrine de l'impermanence prônée par les Orientaux enseigne que la vie est un mouvement permanent. Cette vérité est commune à plusieurs spiritualités. Elle a le grand mérite d'inviter au détachement. Accepter que tout est en mouvement, que rien ne dure vraiment, c'est s'aligner à la Vie, et c'est déjà aller mieux. « Cela, aussi, passera. »

Tout est illusion. La vie est un théâtre où se jouent des drames qui finiront par passer.

Il y aura des moments heureux, des moments tristes. La vie matérielle pendant un temps, puis la mort. Dès lors, ce que nous considérons comme important se teinte d'une couleur toute relative. On s'aperçoit que notre vision du monde est erronée : à quoi bon s'attacher, si tout passe ? On fait le tri dans nos conceptions, nos activités. On prend conscience qu'il n'y a au fond rien de grave et que la vie matérielle est en elle-même dénuée de signification.

L'ego blessé, qui voudrait exister pour toujours, nous maintient dans l'illusion des sens. Or accepter que rien ne dure nous rapproche de notre identité profonde, de la Présence. Cela nous donne la hauteur nécessaire pour nous distancier de ce que nous vivons et découvrir le sens véritable de l'existence, qui n'est pas incrusté dans la matière, loin de là. Car il est indéniable que la vie a un sens. Si ce sens échappe à la plupart des gens, c'est que ceux-ci sont totalement identifiés à leur histoire. Ils ont tant sacrifié à l'ego, tant privilégié le Petit Moi, ils ont tant confondu désir et besoin, existence et possession qu'ils n'ont plus aucune idée ni aucune sensation de ce qui les relie à l'univers : le Grand Moi, la seule dimension de nous-mêmes qui échappe à la mort.

On m'objectera que, dans le théâtre dont je parle et qui représente la vie, on tire à balles réelles. C'est un fait : en tant qu'êtres de chair, nous pensons, nous ressentons, nous réagissons. Les émotions sont bien concrètes. Et pourtant, quoi qu'on dise, quoi qu'on fasse, un jour ou l'autre on raccroche les gants et on part dans l'autre dimension. Là-bas, il n'existe ni souffrance ni chagrin. Tout a été brûlé au feu de la conscience. Il n'y a plus d'enjeu, de réussite ou d'échec. Tout disparaît. Absolument tout. Sauf l'amour, l'essentiel : l'unité de la conscience.

Le temps lui-même est une illusion. Chaque instant qui passe est unique et disparaît dans le néant. Tout vient du vide et repart au vide. Entre les deux, il y a vous, ici et maintenant. Pouvez-vous prouver sans équivoque avoir existé hier ? Pouvez-vous dire que vous existerez demain ? En fin de compte, la réponse est non. Tout ce que nous pouvons affirmer, c'est que nous sommes là au présent. Tout le reste n'est qu'errements du mental. Si vous voulez que votre vie change, vous devez absolument accepter ce paradoxe : tout passe, donc rien n'a réellement d'importance. Dans l'intervalle entre la vie et la mort, vous vous manifestez au monde comme un être de désir, c'est-à-dire une âme prise dans le flot présent de l'existence. Jésus a dit : « Soyez *dans* le monde, mais pas *de* ce monde. » Vous êtes ici dans ce corps, dans cette temporalité. Mais votre origine est spirituelle. Ne l'oubliez jamais.

Vous aspirez à des réalisations concrètes, matérielles ? C'est bien légitime. Elles sont la manifestation de la Présence en vous, la marque de votre désir spirituel.

Ce n'est pas vous qui désirez, mais la Présence qui désire en vous.

Si vous comprenez cela, vous quitterez alors cet attachement délétère qui vous fait vouloir posséder ou retenir. Les choses deviendront faciles.

Je suis souvent sollicité dans mes consultations médiumniques sur le sens de la vie. Y a-t-il un destin ? Tout est-il écrit d'avance ? Je réponds : l'avenir, le destin, ce sont des concepts. Des idées, qui se muent en opinions, puis en jugements. Les grands sceptiques se persuadent qu'il n'y a rien après la mort. Quand on les interroge, on s'aperçoit qu'ils cachent une secrète blessure. Leur petite opinion, qui ne vaut pas plus que celle d'un autre, est trop souvent une manœuvre de l'ego pour *catégoriser* et *juger*. Ainsi d'autres concluent-ils, eux aussi un peu vite, que si nous sommes notre destin, alors il n'y a rien à faire, tout est écrit. Qui peut savoir ? Acceptons-le : vous ne savez pas, je n'en sais rien non plus.

Mon intuition, c'est que notre vie est un chemin à découvrir et à créer chaque jour. Pour le reste, c'est une affaire de croyance personnelle. Même le plus grand savoir intellectuel ne nous apportera au mieux qu'un intérêt matériel. La vraie connaissance vient du cœur et reste accessible à tous. Les plus grands scientifiques, aussi brillants soient-ils, n'en savent pas plus que vous et moi sur la vie et la mort, l'existence ou l'absence d'un Dieu, le sens de l'univers. Savoir et connaissance n'ont rien en commun. Le mental cherche à comprendre pour posséder, là où le Grand Moi se contente d'écouter et de sentir.

Laissez faire. Nous nous sommes incarnés pour vivre une expérience. Elle peut se vivre de bout en bout dans la plus totale inconscience. Ou bien elle peut être l'opportunité de manifester la Présence chaque jour que nous avons la chance de vivre. Ce choix se présente à tout moment. À chaque instant, nous sommes en mesure de nous renouveler. Le désir joue un rôle déterminant car, avec l'intuition, il nous guide vers de nouveaux horizons. Nous faisons de nouvelles expériences. Elles modifient notre vision du monde, qui elle-même induit des niveaux de réalité inédits. C'est la roue de la vie. Vous ne me croirez peut-être pas, mais il arrive un point où la mort elle-même, celle des autres comme la sienne propre, peut se transformer en source de joie.

Au cours du voyage qu'on nomme l'incarnation, le Mal apparaît sous plusieurs formes. Il apporte son lot de peines et de souffrances. Mais en réalité, ce mal, il n'est rien d'autre que l'inconscience. Si les gens se rendaient compte de ce qu'ils sont au plus profond d'eux-mêmes, ils ne s'infligeraient pas tant de blessures. L'ego s'est emparé d'eux et ils ne voient qu'à travers lui. Voici la grande illusion : s'identifier à son histoire alors qu'aux yeux de l'éternité, seule la conscience subsiste. Soyez dans ce monde, mais pas de ce monde !

RITUEL

De protection

Sortez des griffes de l'ego. Instaurez un rituel de protection contre les pensées et les émotions intempestives.

Debout, les yeux fermés, imaginez une puissante énergie qui se dégage de vous, à quelques centimètres seulement de votre corps. C'est votre corps énergétique. Voyez-le irradier d'une belle lumière.

Puis, en pensée, saisissez-vous d'un étui à faire des bulles, comme font les petits. Soufflez vous-même sur la baguette et voyez une belle bulle vous entourer et former une protection bienveillante tout autour de vous. Elle se stabilise et se densifie. Elle est souple mais résiste à toute pollution extérieure. C'est de l'énergie pure.

À voix haute, répétez plusieurs fois :
« J'irradie la lumière divine et je suis parfaitement protégé. »

Installez-vous dans ce rituel, en ressentant physiquement la sensation d'une bulle de protection. Les mauvaises pensées se heurtent à cette paroi et ne peuvent plus vous atteindre.

Lorsque vous avez terminé, touchez votre bulle
et laissez-la éclater gaiement.

Vous pourrez revenir à ce rituel
à tout moment sans oublier, en terminant, de la faire disparaître.
Ainsi, vous n'avez pas de risque de vous enfermer
dans votre propre coque de protection.

JOUR 18

Bilan de la troisième semaine

« La vision est l'art de voir les choses invisibles. »

JONATHAN SWIFT

Avant de repasser rapidement sur ce que nous avons appris ces derniers jours, je dois vous féliciter d'être parvenu jusqu'ici : cela veut dire que vous avez en vous la patience, l'énergie et la volonté de changer. C'est le début de la guérison, la première étape vers le bonheur le plus solide et le plus inépuisable qui soit, celui que nous découvrons en nous !

En cinq jours, nous avons ainsi fait des progrès colossaux dans notre parcours. Nous avons découvert que l'habitude de dire oui à tout était une façon d'obéir aux injonctions de la société : il faut avancer coûte que coûte, produire, « gagner » sa vie ; dans les relations, il faut réussir ; vite, il faut devenir propriétaire, se marier, faire des enfants « avant qu'il ne soit trop tard ». Mais ce oui-là est-il le vôtre ou est-il un renoncement à la conduite de votre propre vie ? C'est là que le non révèle toute sa puissance : au lieu de le concevoir comme une réaction de rejet, il devient une affirmation de qui nous sommes. De négatif, il se transforme en quelque chose de positif : la condition *sine qua non* du oui !

En apprenant à dire non, vous vous êtes aperçu que vous ne saviez absolument pas ce que vous vouliez. Tant d'années passées à consentir à tout vous ont éloigné de votre désir. C'est cela, la source du malheur. Le carcan familial, les traditions culturelles et puis, il faut le dire, la rapidité de l'existence nous poussent à nous conformer, à rester dans le rang. Petit à petit, de l'enfance à l'âge adulte, nous oublions notre vraie nature, celle d'êtres de désir – un désir au présent, fait d'innovations constantes et de renouvellements.

La nature de ce désir est *spirituelle* : il ne s'agit pas de besoins ou d'envies, mais d'un influx vital qui nous relie à la Présence et à l'univers. C'est lui qui doit conditionner nos actes du quotidien, et non l'inverse. Restaurer la hiérarchie que la vie en société a bouleversée – le désir induisant les envies, qui se traduisent à travers les besoins – est la tâche que nous nous sommes fixée au quatrième jour de ce cycle. La plupart des personnes que je rencontre sont pétries de bonne volonté. Elles veulent s'en sortir, améliorer leur vie, aider ceux qu'elles aiment. Mais elles n'obtiennent pas les effets escomptés. Et cela est une grande souffrance. Saint Paul affirmait : « Je ne fais pas le bien que je veux et je fais le mal que je ne veux pas. » Si tel est votre cas, c'est que vous ne réalisez pas encore que tout vient de soi, et non des circonstances extérieures.

Plutôt que de vous épuiser
à vous battre contre la matière,
changez d'abord votre vision du monde ;
c'est elle qui, en changeant,
transformera votre réalité.

Mais voici qu'en vous recentrant sur votre intuition, vous prenez de la distance vis-à-vis du monde. Vous comprenez que rien ici-bas ne dure. Tout passe, les joies comme les peines. Votre mental conceptualise et met des étiquettes partout, il classe et catalogue. Il vous fait croire aux illusions du temps dont il a besoin pour s'agripper au monde… Pourtant, maintenant que la Présence commence à vous irradier, vous vous apercevez que les manifestations de votre désir dans la matière comptent moins que le désir lui-même. Si le monde n'est qu'un vaste théâtre à l'issue mortelle, ne vaut-il pas mieux s'en détacher, faire taire l'ego et profiter le plus possible de cet influx de vie qui nous irrigue ? Accueillez votre désir. Ne le considérez pas comme une épreuve ou un objet. Offrez-lui votre « oui », puis laissez faire la vie. Là se trouve la voie royale vers l'abondance.

QUATRIÈME SEMAINE

Trouver les clés de l'abondance

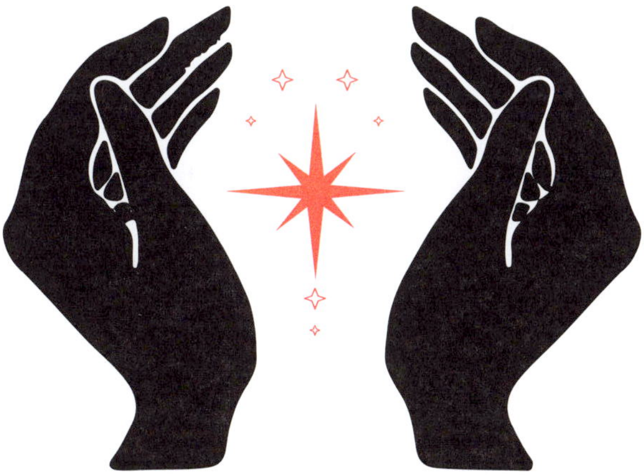

JOUR 19

S'ouvrir à l'univers et à l'abondance

« Le propre de l'Amour : dans son immense générosité, dans son abondance fondamentale, il se donne, s'offre, se dépose sans contrepartie dans chaque être vivant. »

JACQUES SALOMÉ

Au cours de mes séances d'accompagnement, j'insiste continûment sur l'urgence d'observer. C'est la seule manière de vivre au présent, la base de tout changement profond. L'observation dissipe les effets du temps, de la nostalgie, des pensées délétères, elle nous sort de nos habitudes. Parce qu'elle requalifie notre attention au monde, elle nous met en contact direct avec la Présence.

À partir de là, l'intuition, le véritable moteur de transformation, peut se déployer.

L'intuition, c'est la petite voix intérieure qui vous souffle ses conseils.

Écoutez-la, car elle suit le chemin de notre désir profond. L'inspiration agit comme un aiguillon. Elle nous oriente vers la réalisation de notre désir. Pour reprendre un exemple que j'ai utilisé plus haut, imaginez que vous aspirez à une vie plus calme, à la campagne, entouré de vos animaux de compagnie. C'est votre désir. Il vous poursuit depuis des années sans que vous ayez trouvé le moyen de le réaliser. Et puis, un beau jour, à l'occasion d'un week-end, vous avez une fulgurance. Vous ne savez pas comment l'expliquer, mais vous allez visiter *la* région. Rien ne vous prédisposait à vous rendre là-bas, c'est un pur hasard. En vous promenant, vous parvenez à une bourgade nichée au cœur de la verdure et vous tombez sous le charme. Cet endroit, c'est chez vous ! Vous vous mettez alors en quête de la maison de vos rêves. Vous la trouvez, vous l'avez : votre désir s'est réalisé dans le monde. Or, si vous n'aviez pas écouté votre intuition et les idées qui l'ont suivie, vous en seriez encore à rêver ou à fantasmer, sans doute.

Ces révélations sont très fréquentes. Les Américains les nomment « épiphanies ». Ce sont des compréhensions soudaines du sens des choses, qui s'imposent à nous. Cette idée qui nous est venue à l'improviste, c'est l'intuition. Elle s'est connectée à notre désir de changement. Plus vous allez écouter votre désir, plus votre vision sera claire, plus vous entendrez la petite voix vous chuchoter à l'oreille. Rapidement, vous constaterez l'abondance dans votre quotidien. Vous prendrez plus facilement des décisions, elles seront à la fois spontanées et justes. Comme par magie, vous attirerez ce qui vous correspond intérieurement. C'est pour cela que vous devez faire de l'observation votre sainte routine, une discipline toute monacale.

Faites régulièrement des haltes dans votre journée. Au lieu de penser à vos problèmes, au lieu d'entretenir la peur ou la culpabilité, osez vivre ici et maintenant. Faites le pari du présent ! Ne luttez pas contre les éléments, vivez ici, pas dans « l'histoire de ma vie ». Vous savez que cela abaisse considérablement votre fréquence vibratoire. Acceptez ce qui est, puis évoluez. Quel est le risque, au moment où je vous parle ? Y a-t-il un danger immédiat ? Une action urgente à mener ? Si c'est le cas, faites ce qu'il y a à faire et retournez à l'immobilité intérieure. Soyez souple comme le chat qui attend patiemment devant le trou de la souris. Il reste placide et attentif. Au moment d'agir, sa patte est leste et vive comme l'éclair.

Jusque-là, vous vous adonniez à la rumination, comme un animal en cage. « Comment faire pour sortir de ce pétrin ? Comment vais-je terminer le mois ? Quand vais-je rencontrer la bonne personne ? Pourquoi ma vie n'avance-t-elle pas ? » Ces questions tournaient en boucle dans votre esprit et vous ne viviez qu'à travers elles. Mais aujourd'hui, vous inversez le processus. Plutôt que de vous plaindre, vous constatez ce qui est, vous faites l'état des lieux. Surtout, vous n'en tirez aucune conclusion, aucun jugement. Vous ne projetez pas sur l'avenir, ne créez pas de fausses identités. Vous faites ce qu'il y a à faire en usant du bon sens et pour le reste, vous abandonnez toute résistance.

Si vous n'attendez pas de réponse particulière, l'univers se met à parler et le chemin s'ouvre naturellement devant vous.

Vous l'aurez compris, votre vision du monde est déterminante. Si vous considérez la vie comme une série d'embûches, l'univers vous les servira sur un plateau. Au moment où elles se présenteront, vous réagirez avec votre mental, et pas avec votre intuition. La roue du karma se mettra en marche et vous reviendrez, ou aurez du moins le sentiment de revenir à la case départ. Des pensées limitantes génèrent une vie limitée. Cela s'explique par le fait que quand vous jugez, vous devenez l'objet de votre jugement. Si vous voyez le beau partout, votre vie sera belle. Si vous vous laissez absorber par les mauvaises nouvelles du monde, vous vivrez votre vie comme une mauvaise nouvelle. Vous vous laisserez impressionner par les gros titres et vous fixerez toute votre attention dessus. Vous ne verrez donc plus tout ce qui se fait de beau et de bien à tout moment, partout sur la planète et dans votre propre vie. À la fin, vous véhiculerez une énergie basse et vous attirerez les événements en conséquence. Concentrez-vous donc sur ce qui va bien, car tout va bien ! Le monde ne s'est pas effondré, le soleil se lèvera demain et la vie continue en dépit de tout.

Aujourd'hui, je voudrais vous faire comprendre que l'abondance est en nous et autour de nous. Elle n'est pas à venir ou à espérer dans un avenir lointain. Elle est déjà là, partout. Où il y a l'homme, où il y a la vie, il y a de petits et de grands miracles, tout le temps. Prenons-en ensemble la pleine mesure. Au fond, quoi qu'il advienne sur Terre, remarquons que le Soleil ne faiblit pas. Il brille de ses pleins feux. Eh bien, votre énergie est à son image ! En vous comme dans la nature, l'abondance est omniprésente. C'est une loi de l'univers !

Il y a une multitude de réalités, de personnalités, d'espèces. Regardez le fourmillement du monde. Nous serons bientôt 10 milliards sur la planète. Et pourtant, pas une seule personne ne ressemble aux autres. Chaque être humain possède un code génétique unique. À ce jour, on recense plus de 2 millions d'espèces, mais on estime qu'il y en a entre 8 et 20 millions ! Levons maintenant les yeux : notre seule Voie lactée ne compte pas moins de 234 milliards d'étoiles. C'est vertigineux. À l'origine, l'univers était une soupe, un brouillard de particules et de radiations. Et voici ce qu'il est devenu ! En perpétuelle expansion depuis quinze milliards d'années, il est tellement grand qu'on ne peut l'observer dans sa totalité. À notre échelle, il représente l'infini.

Le sentiment de séparation, de pauvreté, d'abandon, de solitude vient d'un manque d'attention au monde. Cette carence nous donne l'illusion d'être privés de ses fruits, de ne pas en faire partie. C'est mathématiquement faux ! De fait, nous en sommes une émanation. Nous sommes un élément de l'abondance universelle, et nous nous trouvons nous-mêmes en expansion. Que pouvons-nous déduire de ce constat ? Nous pouvons affirmer, de là, qu'en tant que partie d'un ensemble indissociable :

Il nous est possible de ressentir, en nous-mêmes, cette expansion générale de l'univers.

Il suffit d'écouter, tout est là !

Le temps lui aussi s'accélère, c'est un fait observable. À la Renaissance, l'invention de l'imprimerie a donné une impulsion sans précédent à l'économie et à la circulation de l'information. Plus rien n'allait être comme avant. Au XIXe siècle, la révolution industrielle a rendu obsolètes les vieux modèles. Le nombre de brevets déposés a littéralement explosé ces cinquante dernières années. Que dire de la découverte de l'électricité, du téléphone ou des prouesses des premiers aviateurs ? À chaque grande étape de cette course humaine, le temps s'accélère. À l'époque de Molière, on mettait quinze jours pour relier Paris à Toulouse. Aujourd'hui, l'avion nous y mène en une heure trente, le train en six. Demain, en quelques minutes, et qui sait, un jour, nous voyagerons à la vitesse de la lumière… À l'heure d'Internet et des réseaux sociaux, on ne compte plus le nombre d'applications dans les domaines les plus variés. Le monde se « digitalise », et tout va plus vite.

CLÉ DE TRANSFORMATION

Tout évolue, tout change. Certains diront que c'est pour le mieux, d'autres prétendront que l'humanité régresse. Ces notions sont encore des concepts que la pensée élabore en désespoir de cause, faute de savoir sentir l'unité de l'univers. En prenant du recul, ne vous laissez plus impressionner ou dépasser par les événements. Le monde ne cesse d'évoluer. La seule constante qui a toujours existé et existera toujours, c'est la Présence. Voyez l'abondance dans tout ce qui est. Et réjouissez-vous car vous en êtes un maillon essentiel.

RITUEL

De l'échange d'énergies

Prenez un petit morceau de pain
ou un demi-quartier de pomme.

Mettez-le au creux de votre main et refermez-la délicatement dessus comme si vous protégiez un objet de grand prix.

Placez-vous intérieurement dans cet état d'extrême précaution. Restez dans cette position jusqu'à ce que vous ressentiez la chaleur qui se dégage de votre paume.

Visualisez ce petit morceau de pain ou de pomme comme étant un concentré de la vie, de la création tout entière ramenée dans le creux de votre main. Protégez ce petit morceau de vie.

Puis, tout doucement, dépliez les doigts et, de l'autre main, prenez-le et approchez-le de votre bouche.

Inspirez profondément avant de le mettre dans votre bouche. Mâchez délicatement. En conscience, sentez la salive se mêler à l'aliment qui se fond en vous.

Puis bénissez l'univers pour cet échange d'énergies.

Ce rituel peut être repris à chaque repas
ou à chaque fois que vous buvez ou consommez un aliment.
En dirigeant votre attention sur l'énergie de ce que vous ingérez,
ayez conscience que vous avalez de l'énergie pure
et qu'elle fortifie et répare tout votre être.

JOUR 20

Apprendre à donner

« La véritable générosité envers l'avenir consiste à tout donner au présent. »

ALBERT CAMUS

Mais concrètement, ça veut dire quoi « vivre l'abondance » ? C'est d'abord reconnaître que la vie n'a aucune limite, que nous sommes des êtres illimités. Nous pouvons nous dépasser à tout moment, atteindre un niveau optimum d'énergie, que nous ayons 20 ou 80 ans. Évidemment, sur le plan matériel, nous vieillissons, c'est inéluctable. Le temps chronologique et la gravité produisent leurs effets sur notre organisme. On ne gère pas son souffle de la même façon, que l'on soit un enfant ou un vieillard. Mais jusqu'à notre dernière heure, nous pouvons manifester la Présence.

L'abondance est là, pour tout le monde, en tout temps.

Je me souviens d'une dame âgée de 83 ans que j'ai accompagnée pendant quelques mois alors que sa vitalité diminuait. Elle n'avait jamais été très spirituelle, mais depuis plusieurs années, elle ressentait le besoin de « se mettre en accord avec elle-même », comme elle disait. En découvrant mes vidéos sur Internet, elle avait ressenti un grand apaisement. Mourir ne lui faisait pas peur, oh non ! Mais quelque chose la tracassait et nous en avons cherché ensemble les raisons. Il est apparu qu'entre son fils et elle, le courant ne passait plus depuis des années. Les relations s'étaient taries, au point qu'ils ne s'appelaient même plus pour la nouvelle année. Et cette dame s'était tout à fait repliée sur elle.

Comme elle disposait d'une somme rondelette héritée de son mari, sa propre retraite suffisait à ses besoins quotidiens. Peut-être sentait-elle sa fin proche ? Toujours est-il qu'elle explorait dans son esprit tous les moyens possibles pour reprendre contact avec son fils unique, auquel elle souhaitait donner cet argent. Mais comment faire pour ne pas perdre la face après toutes ces années ? Accepterait-il seulement de lui parler, alors qu'elle n'avait jamais daigné prendre des nouvelles de ses petits-enfants ? Elle se trouvait ridicule, égoïste, elle était prise de remords. Et à la fois, elle refusait de subir une humiliation.

Aux prises avec cet insoluble dilemme, le temps avait passé. Mais à présent, l'âge la rattrapait. Elle se rendait compte de son orgueil et de l'ironie de la vie. À quoi bon s'abîmer dans de faux principes tandis que nous nous retrouverons finalement six pieds sous terre ? La vie n'était-elle qu'un lent abandon, une route vers la solitude ? Derrière cette amertume se cachait un grand chagrin. La mort de son mari avait terrassé ma cliente, et elle s'était enfoncée dans une forme de silence, de reniement. Plus rien n'avait d'importance pour elle. Du moins, c'était ce dont elle s'était convaincue.

« Je vais certainement rejoindre mon mari un jour ou l'autre, Bruno, que devrais-je faire selon vous ? » Elle parlait de l'héritage. Prenant le contre-pied de son discours intérieur, je lui ai demandé si c'était vraiment le testament qui la faisait douter. Car, dans ce cas-là, elle n'avait qu'à se rendre chez son notaire afin de régler la succession. Son héritier en serait averti après sa mort et le problème disparaîtrait… Je ressentais une vraie détresse dans sa voix. Ce n'était pas l'argent qui était en cause. C'était son grand désir de renouer le contact et de partager un peu d'affection avec son fils et ses deux petites-filles, tant qu'il était encore temps. Là se trouvait la vraie motivation, pour laquelle la succession n'était qu'un prétexte.

J'ai fait remarquer à cette dame que, depuis toutes ces années, elle s'était recroquevillée sur elle-même et avait cessé de donner. L'énergie ne circulait plus. Elle avait fermé les vannes. Comme un barrage qui ne laisse rien filtrer, elle faisait obstacle à la vie. Une pénurie affective, un froid sibérien s'était abattu sur son cœur. Elle ne ressentait plus rien. Est-ce pour autant que le monde s'était arrêté de tourner ? Pas du tout. La vie suivait son cours, mais sans elle. Elle pouvait bien pester contre le sort, elle était la seule responsable de ce refus du partage et de l'existence. Il n'y avait de pénurie que dans son cœur.

C'est sur ces bases que nous avons axé le travail d'accompagnement. Quand je lui ai parlé de la Présence, elle a ricané. De quoi s'agissait-il encore ? Je lui ai rétorqué qu'il devait bien y avoir une raison pour qu'elle vienne me solliciter. Elle connaissait mon travail. Elle savait chez qui elle se rendait. Le sourire narquois, presque moqueur a alors fait place à une franche rigolade. Elle venait de comprendre qu'elle avait été guidée vers moi. Son intuition l'avait poussée à me rencontrer. Tout à coup, cette petite dame un peu sèche s'est transformée sous mes yeux. Son regard s'est éclairé, elle s'est mise en mouvement. Sa conscience venait de s'éveiller. Elle n'était plus seule ! Elle s'apercevait que son ego blessé avait jeté sur son âme un sortilège puissant et qu'elle avait vécu toutes ces années dans l'inconscience.

La semaine suivante, je l'ai guidée vers une méditation profonde afin d'ancrer en elle cette nouvelle réalité. Le travail avançait bien, son moral était meilleur. Elle avait décidé de faire changer ses rideaux et de laisser entrer la lumière dans son appartement. Deux mois plus tard, alors que nous avions terminé notre accompagnement, elle m'a appelé, triomphante. Elle venait de passer un week-end chez son fils, en compagnie de ses petites-filles chéries. Tout avait été abordé : le passé, son grand chagrin et les relations difficiles. À présent, tout était oublié. Elle avait proposé à son fils de s'occuper rapidement de la succession, afin qu'elle ne soit plus un sujet. Ma cliente venait de faire l'expérience de l'abondance retrouvée, d'un désir exprimé, d'une émotion assumée. Et c'est en donnant qu'elle avait reçu.

L'abondance est universelle. Nul ne peut confisquer ou retenir la vie.

Nous en sommes les témoins vivants. Quand nous réfrénons, endiguons cet influx vital, la situation nous échappe et nous essayons de reprendre le contrôle. C'est peine perdue, car notre ego nous a déjà rattrapés.

Il vous faut intégrer à votre quotidien une conscience aiguë de l'abondance. La pratique de l'observation, une fois de plus, est la meilleure façon. Regardez par exemple un arbre depuis votre fenêtre. Remarquez l'incroyable densité de la Présence dans le tronc, dans ses branches, ses feuilles, ses fruits. Percevez-vous la vie qui y circule silencieusement ? Imprégnez-vous de ce que vous voyez. Attardez-vous dessus plusieurs minutes. À un certain moment, il n'y aura plus de différence entre cet arbre et vous, entre l'animal et vous, entre l'autre et vous. Vous aurez soudain conscience que tout est maintenu ensemble par une chaîne aux maillons infinis. Nous tous, êtres vivants, sommes reliés. Nous avons quelque chose à vivre ensemble. Dans cette multitude, il y a tout un monde qui vibre à votre fréquence. Il correspond à ce que vous êtes aujourd'hui : un être unique, à l'unisson.

Accueillez la magie de la vie. Que votre cœur se dilate à cette pensée. À tout moment, en toute occasion, bénissez la Présence en toute chose, en tout être, même quand les apparences vous disent le contraire. Je ne vous demande pas de pratiquer la pensée positive que certains brandissent comme le Saint Graal. Ce n'est pas par la volonté qu'on y arrive : celle-ci sert à engager un changement, mais si l'on se repose trop sur elle, on donne dans la toute-puissance du mental et au moindre échec, on est découragé. Non : je vous demande de sentir l'univers avec le cœur, patiemment, en écoutant un petit peu tous les jours.

Allons plus loin : puisque l'univers n'est qu'abondance, vous êtes l'abondance incarnée et vous allez aujourd'hui vous le démontrer à vous-même. Comment ? Par de petits gestes tout simples au quotidien. Voici la consigne : *dès que vous le pouvez, donnez.* Donnez aux autres de votre temps, de votre argent, de votre bonne volonté. Donnez-leur de la bienveillance et des compliments. Offrez-leur une partie de ce que vous sentez germer en abondance en vous-même. Souriez aux personnes que vous rencontrez. Avec tout votre cœur, même quand votre humeur est maussade. Si vous sentez de la jalousie, au lieu de les lui dénier, reconnaissez les qualités de l'autre. Au lieu de vous excuser, dites merci. Que tout ce que vous faites soit imprégné de Présence. Ce n'est pas vous qui donnez, c'est l'univers qui donne à travers vous. Soyez donc l'instrument de l'univers. Laissez-vous faire !

« Donnez, et l'on vous donnera : c'est une mesure bien pleine, tassée, secouée, débordante, qui sera versée dans le pan de votre vêtement ; car la mesure dont vous vous servez pour les autres servira de mesure aussi pour vous », nous dit Jésus dans l'Évangile selon Luc. Et plus loin : « Ce que vous voulez que les autres fassent pour vous, faites-le d'abord pour eux. » C'est la deuxième partie de l'enseignement d'aujourd'hui : ce que vous donnez, attendez-vous à le recevoir. Il ne s'agit pas de bonne conduite ou de charité ! C'est une règle d'or, une loi de l'univers :

La générosité appelle en retour la générosité.

À chaque fois que vous donnez, prenez conscience de l'énergie qui passe dans ce que vous donnez. Cette énergie circule depuis vous, mais elle vous reviendra par d'autres sous une autre forme. Songez également que l'argent n'est rien d'autre qu'une vibration. Ne le retenez pas. Ce qui compte, c'est l'intention que nous mettons dans le geste. Nous pouvons donner aux pauvres, aux indigents, à ceux qui nous sollicitent. C'est tout à fait honorable. Mais il y a mille autres façons de donner. Ce peut être une remarque agréable, un peu d'aide, ce peut être une idée, un conseil. Soyez riche de vous-même, offrez ce que vous êtes : vous recevrez.

À Noël dernier, une de mes nièces a confectionné de petits sacs en tissu bariolé dans lesquels elle avait glissé un mot affectueux pour chacun. Elle s'est excusée de ne pouvoir faire plus, n'étant pas bien riche. Ce geste nous a touchés au plus haut point, car elle y avait mis tout son cœur. Elle a donné d'elle-même, donc de l'énergie.

CLÉ DE TRANSFORMATION

Quand on vous demande quelque chose, répondez en conscience, non avec un sentiment de devoir ou de culpabilité. Pratiquez l'abondance à partir de ce que vous êtes ici et maintenant, rien de plus. Soyez tout à fait présent à ce que vous faites, et non à moitié là comme tant de gens se sont de nos jours habitués à l'être. Si vous entreprenez une tâche, que cette tâche vous occupe tout entier : en donnant ainsi de vous-même en abondance, vous démontrez votre propre richesse, qu'elle soit matérielle ou spirituelle. Ce principe bien en tête, voyez à présent comme ceux qui retiennent tout souffrent de solitude et d'indigence, à l'image de ma cliente âgée. N'est-ce pas là une invitation à suivre le contre-pied de nos mauvaises habitudes – et à donner dans l'abondance ?

RITUEL

De la douche énergétique

Vous vous apprêtez à prendre votre douche.

Avant d'ouvrir le robinet, mettez-vous en condition : touchez votre peau qui n'est pas encore mouillée.

Posez vos doigts sur vos mains puis vos avant-bras. Imaginez-vous alors dans le désert : il fait chaud, vous êtes déshydraté, le soleil et la poussière ont desséché votre peau. Cultivez cette sensation pendant quelques instants.

Regardez alors le flexible de la douche et le robinet. Faites durer le plaisir. Vous savez que vous allez pouvoir vous hydrater et nettoyer votre peau de toutes les scories du monde.

Alors, faites couler l'eau sur vos pieds.

Visualisez à ce moment précis une oasis dans le désert dans laquelle vous trempez un pied puis deux, avec délice. Vous allez vous y plonger tout à fait dans quelques instants.

C’est le moment de vous doucher maintenant.
En pleine conscience, observez vos gestes,
ressentez l’eau vous recouvrir de ses bienfaits.
Sentez comme votre corps physique se relie instantanément
à votre corps énergétique. Pour cela, visualisez une lumière
argentée qui sort avec force et abondance du robinet
de votre salle de bains. Cette lumière fluide se répand sur vous,
elle vous nettoie et vous vivifie en profondeur.
Voyez toutes les énergies négatives, les regrets, le stress
et l’inquiétude disparaître dans le siphon de votre douche.

Il ne reste plus que la pluie énergétique
qui élève naturellement votre fréquence vibratoire.

JOUR 21

Manifester son désir

« L'imagination est le début de la création. Vous imaginez ce que vous désirez, vous voulez ce que vous imaginez, et enfin, vous créez ce que vous voulez. »

George Bernard Shaw

Connaissez-vous l'histoire des trois Bédouins qui vivaient dans une région aride ? Cette année-là, la sécheresse est particulièrement sévère, et ils craignent pour leur vie et celle de leur troupeau. Un jour qu'ils se lamentent en suppliant le Ciel, Dieu leur apparaît et, d'une voix tonitruante, leur enjoint de creuser trois puits, un pour chacun d'entre eux. Les deux premiers amis ne comprennent pas le commandement qui leur est adressé. Aussi balbutient-ils : « Mais, Seigneur, il n'y a pas d'eau, pourquoi devrions-nous creuser des puits ? » Comme ils ne reçoivent aucune réponse, ils retournent à leurs lamentations, épuisés. Le troisième, plus malin, se dit qu'il trouvera toujours un usage à son puits. Il obéit à son Dieu et jette ses dernières forces dans la construction. Or à peine a-t-il terminé que le ciel se recouvre de nuages sombres. Bientôt, les gouttes martèlent le sol desséché, puis c'est un vrai déluge qui s'abat sur le petit village bédouin. Les deux premiers compères se lèvent à la hâte et tentent par tous les moyens de retenir l'eau qui, hélas, disparaît inéluctablement dans le sable saharien. La tempête est de courte durée. Les nuages accumulés se dispersent et laissent place à un soleil brûlant. Le troisième larron se réjouit. Son puits est plein. Sa famille et son troupeau sont sauvés. Et tous se désaltèrent à loisir en bénissant le Ciel, devant le regard anéanti des deux autres qui n'ont pas écouté Dieu.

L'apologue des trois Bédouins recèle une grande sagesse. Il nous enseigne qu'il ne faut jamais attendre les bonnes circonstances pour agir ou nous mettre en route.

CLÉ DE TRANSFORMATION

Même si les conditions idéales ne sont pas réunies – d'ailleurs, quand le seront-elles ? –, commencez dès maintenant à visualiser votre future existence. Déployez votre imagination, écoutez le son de votre désir, suivez l'aiguillon de votre intuition. Sortez de votre zone de confort. Osez désirer, osez voir grand. Ne suppliez jamais le Ciel : ce serait vous laisser envahir par le mental. Creusez votre puits et préparez vos outils pour la moisson qui ne manquera pas d'arriver. C'est cela, l'enseignement d'aujourd'hui : manifestez-vous sans attendre les beaux jours, car ainsi vous décuplerez votre récolte lors des jours heureux.

Pour vous préparer à réaliser vos désirs profonds, la prière et la méditation sont de puissants leviers. Ce sont d'authentiques codes d'accès à la Présence. Aussi, vous pouvez affirmer, visualiser votre désir tandis que vous priez. Voici comment procéder. Régulièrement, rentrez dans votre cabinet spirituel. Fermez-en la porte et connectez-vous à votre Grand Moi. Pour ce faire, prenez de profondes respirations. Quelques secondes suffisent pour trouver votre centre de gravité.

Assis ou allongé, vous visualisez alors votre corps. Vous partez des pieds et vous imaginez une énergie chaude qui se répand dans vos chevilles, vos mollets, vos cuisses et votre bassin. Votre dos reçoit la caresse d'une onde subtile, depuis vos lombaires jusqu'à votre nuque. Faites-en autant en remontant de votre ventre jusqu'à vos poumons. Laissez l'énergie se répandre doucement dans les veines et les muscles de vos épaules, de vos bras et de vos mains. Enfin, terminez avec votre visage. Puis projetez vos pensées et vos émotions sur votre désir. Gardez le calme intérieur et visualisez la réalisation. Rendez cela vivant, plus vrai que nature. Entraînez-vous dès que vous en avez l'occasion.

Certains jours, on est plus enclin à ressentir qu'à visualiser. S'il vous est difficile de « voir » votre corps énergétique, servez-vous de votre respiration. L'exercice est très simple : il consiste à inspirer et expirer profondément, tout en se vidant l'esprit. Une fois que vous avez atteint un état calme, vous tentez de vous figurer ou de ressentir la Présence en vous et tout autour de vous. Accueillez-la, bénissez-la, et ne vous accusez jamais de ne pas la sentir, car c'est encore le meilleur moyen de vous déconcentrer.

Avant de passer à la prière, nous devons mettre quelque chose au point. Dans la vie, tout ce que nous disons après « je suis » matérialise notre désir. À force de les répéter, ces paroles deviennent une certitude, à court ou long terme. Il s'agit donc, quand on use du verbe « être », d'une puissante invocation. C'est pourquoi vous devez faire attention à vos paroles, comme nous le verrons plus loin. Si vous dites : « Je suis fatigué » ou « Je suis bête », vous vous identifiez totalement à votre fatigue ou à une potentielle « bêtise ». Préférez donc des formules comme : « *Je me sens* fatigué », ou : « *J'éprouve en ce moment* de la fatigue. » La différence est ténue, mais bien réelle. Dans le premier cas, la fatigue devient une manifestation de vous-même. Ce que vous dites en réalité, c'est : « Je suis ma fatigue. » Vous la personnifiez. Dans le second cas, vous décrivez simplement ce que vous ressentez, sans vous identifier.

Maintenant, la prière. Une fois que vous vous êtes plongé dans l'état de douceur et de visualisation que j'ai décrit plus haut, prononcez intérieurement ou à voix haute une prière, un mantra que vous aurez appris de prime abord. Ce peut être une phrase du Bouddha, une parole de Jésus, ou toutes autres phrases ou sonorités ayant du sens pour vous. J'aime pour ma part ressentir la lumière de l'univers, en référence à l'expression du Christ : « Je suis la lumière du monde. » Autrement dit : je suis la Présence qui s'incarne en moi. Je suis cette abondance qui circule dans ma vie. Si vous usez comme moi du verbe « être », affirmez la prééminence de votre Grand Moi : « Je suis ancré dans la Présence », « Je suis en paix avec le monde », des formules de la sorte. Le tout est de ne jamais les prononcer machinalement, comme si vous preniez un cachet. Investissez votre corps et votre esprit dans ces mots. Conscientisez au maximum. Ressentez vos paroles, visualisez-les. Et répétez, répétez à l'envi l'expérience. Tout votre être doit s'énergiser de la Présence.

À mesure que vous affirmerez votre « je suis », vous verrez qu'il se transformera en « j'ai ». C'est étrange, mais c'est vrai : je l'ai vérifié des centaines de fois. Il peut s'agir de possessions matérielles, d'une situation qui se règle, d'un projet qui se réalise, d'une rencontre authentique, d'une détente dans vos relations. Globalement, c'est toute votre réalité qui se trouvera changée grâce à ces exercices quotidiens de visualisation et de prière.

J'ai dit que la blessure est comme votre porte d'entrée vers la vie spirituelle. Elle se rappelle à vous pour que vous laissiez la Présence vous transformer. Devant un obstacle, une difficulté, ne rentrez pas en opposition. Accueillez ce qu'il se passe, puis intégrez-en la dimension spirituelle. En priant, en méditant, en visualisant, vous manifestez l'abondance de l'univers, c'est-à-dire que vous vous manifestez vous-même dans votre part la meilleure, la part divine. Je vous invite à entreprendre en vous le changement. Dès aujourd'hui, sans attendre. Allumez la flamme qui vous réchauffera demain, faites croître le blé qui vous nourrira. En prenant ce temps pour vous, rien que pour vous, vous commencez à faire exister un nouvel être, vous vous accordez des moments de vitalité. « Tout ce que vous demanderez en priant, croyez que vous l'avez reçu et vous le verrez s'accomplir. » C'est le secret d'une vie riche, sur tous les plans : inviter le changement à advenir d'abord en soi avant de vouloir qu'il se matérialise dans le monde. Faites comme le Bédouin ingénieux. Creusez votre puits par temps sec, car c'est lui qui vous permettra de recevoir la pluie providentielle. Et surtout, n'oubliez pas de remercier l'univers. Non seulement pour tout ce que vous avez reçu et pour tout ce que vous recevez à chaque instant, mais aussi pour tout ce que vous allez recevoir. Étant une partie de cette abondance, c'est en effet envers vous-même que vous aurez de la gratitude.

RITUEL

De gratitude

Aujourd'hui, rappelez-vous un moment où on vous a offert un cadeau. Peut-être était-ce à l'occasion d'un anniversaire ou bien à Noël. Sollicitez votre mémoire : le jour où vous avez eu une augmentation, où on vous a félicité pour votre travail ou remercié pour l'aide que vous avez apportée. Dans quel état étiez-vous ? Faites l'effort de vous rappeler vraiment.

Retrouvez sur votre visage le sourire et l'impression de gratitude que cela a produit en vous. Sentez votre cœur se dilater dans cette réflexion méditative. L'idée est de solliciter un maximum le sentiment de gratitude qui vous a envahi.

En vous aidant de ce souvenir et des sensations qui l'accompagnent, dites maintenant « merci ! » comme le jour où vous avez exprimé votre reconnaissance. Allez-y franchement : « MERCI ! » Que la joie inonde votre cœur.

Ce « comme si » vous place instantanément dans la fréquence vibratoire. Celle de l'accueil. Vous êtes prêt à recevoir !

Restez dans cet état et constatez-en les effets
au moment présent.

Accueillez la même gratitude pour ce qui est à venir :
ce qui est invisible à vos yeux est déjà.
N'attendez rien, constatez intérieurement
que tout est déjà arrivé.

Reposez-vous dans cette confiance
à différents moments de la journée.

Avec ce rituel, vous attirez le meilleur
et attirez l'abondance de l'univers.

JOUR 22

Utiliser la puissance de la parole

« Choisis bien tes mots, car ce sont eux qui créent le monde qui t'entoure. »

PROVERBE NAVAJO

On prête à différents sages tels que Gandhi ou Lao Tseu cette citation célèbre : « Surveille tes pensées, car elles deviennent tes mots. Surveille tes mots, car ils deviennent tes actions. Surveille tes actions, car elles deviennent tes habitudes. Surveille tes habitudes, car elles deviennent ton caractère. Surveille ton caractère, car il devient ton destin. »

D'une efficacité redoutable, cet énoncé résume à lui seul une grande vérité :

Tout ce que nous vivons aujourd'hui est le fruit d'un système de pensée, d'une vision du monde ancrée en nous.

Cette image que nous avons du monde et de nous-mêmes creuse jour après jour le lit de notre évolution. Certains sont tellement identifiés à leur histoire qu'ils ont le plus grand mal à dépasser un certain niveau de réalité. Ils ne peuvent pas imaginer une autre existence. Leurs pensées, leurs croyances sont inféodées à ce qu'ils ont vécu, les drames de leur enfance, les blessures qui leur ont été infligées.

La bonne nouvelle, c'est que si les pensées finissent par devenir des actes et les actes répétés un destin, il nous suffit au fond d'intervenir sur notre pensée pour changer radicalement d'existence. Voilà pourquoi tout commence en nous-mêmes : on peut sauter mille fois de maison en maison ou de conjoint en conjoint, si l'on n'est pas aligné avec notre désir, ce ne seront jamais les bons, et l'on aura dépensé, dans cette course folle, beaucoup d'énergie pour rien.

Si vous souffrez d'un traumatisme ancien, il faudra probablement du temps pour cautériser votre blessure. Du temps, et beaucoup d'amour, beaucoup de Présence. Mais avec de l'entraînement et des rituels adaptés, on finit par lâcher prise. Petit à petit, on désire à nouveau, le printemps renaît et on peut accueillir l'abondance de la vie.

Dans ce chemin vers la guérison intérieure, il est très important de noter l'enchaînement de nos pensées et de nos paroles, et de faire preuve de cohérence. Si, d'un côté, nous pratiquons assidûment l'observation, mais que, de l'autre, nous ne sommes qu'un flot de paroles, nous sabotons tout notre travail. Au cours de la journée, repérez le déroulé de vos pensées. Comment deviennent-elles des paroles ? Remarquez-vous les actes qui en découlent ? Y a-t-il une cohérence, un lien logique entre les premières et les seconds ?

De même, il faut prêter attention aux mots que nous utilisons. Comme je l'expliquais au chapitre précédent avec le verbe « être », *notre parole est porteuse d'une énergie insoupçonnée.* Le prophète Isaïe disait : « Ma parole ne me revient pas sans effet, sans avoir accompli ma volonté. » Nos mots fonctionnent comme des boomerangs. Ce que nous envoyons nous revient, d'une façon ou d'une autre. C'est pour cette raison que nos paroles doivent refléter au maximum notre pensée. Cela implique d'être honnête avec nous-même et avec les autres. Nous craignons de les décevoir ? C'est un risque à prendre. Il est tout à fait possible de dire la vérité, d'opposer un refus calme et déterminé sans pour autant se mettre notre entourage à dos. J'oserais même dire que si nos amis et notre famille ne supportent pas que nos paroles soient alignées sur notre pensée, c'est peut-être qu'en définitive, ces personnes n'ont pas un effet si bénéfique sur nous…

La citation du prophète Isaïe a été remise au goût du jour, sous une autre forme, par l'auteur des fameux *Quatre Accords toltèques*. Don Miguel Ruiz affirme : « Parlez avec intégrité, ne dites que ce que vous pensez. N'utilisez pas la parole contre vous-même ni pour médire sur autrui. » Que votre parole soit impeccable ! C'est le premier et le plus puissant accord toltèque. Par nature, la parole est magique. Elle contient son énergie propre et a des conséquences sur la réalité. Les grands orateurs en usent pour captiver leur auditoire. Les guérisseurs du Brésil ou des Philippines utilisent le souffle et la parole pour soigner les grands malades. Une parole peut tuer, une parole peut sauver. La prière la plus puissante est celle où l'on met toute son intention dans la parole. Le poète Charles Baudelaire prétendait que manier savamment une langue, c'était pratiquer une espèce de « sorcellerie évocatoire ».

Attention, donc, à nos pensées : elles sont la source principale de notre bien-être ou de notre chagrin. Les pensées négatives s'entretiennent et se génèrent elles-mêmes. À force, elles nous minent. Un mauvais moral se traduit par des mots tout aussi négatifs, défavorables aux autres. De mauvaises paroles, répétées, entraînent des situations conflictuelles régulières. En nous jugeant comme nous les jugeons, les autres finissent par nous attribuer un caractère que nous faisons nôtre. En nous identifiant à ce caractère, nous nous empêchons d'agir autrement que de la façon qui semble *programmée*. Et c'est ainsi que naît notre « destin ».

Soyez donc dès aujourd'hui le magicien de votre vie ! Faites cesser les pensées néfastes. Ne choisissez que les mots qui reflètent vraiment votre pensée. Alignez-les, il en résultera des actions cohérentes.

En pratiquant la parole juste, vous trouverez l'action juste, elle s'imposera d'elle-même.

En vous écoutant, les autres jugeront votre posture cohérente et vous respecteront. Le monde s'ouvrira à vous d'une façon nouvelle, et vous récolterez alors les fruits de vos bonnes pensées.

Les sportifs et les artistes l'ont bien compris, eux qui se préparent physiquement et psychologiquement avant de passer à l'acte. Au sport comme au théâtre, une bonne part de la performance résulte du conditionnement psychologique. Si, par exemple, on s'autorise à être brillant, on aura moins de mal à l'être et on le sera d'ores et déjà un petit peu. Beaucoup de sportifs utilisent la sophrologie et la méditation, qui sont des états modifiés de conscience. Ils se mettent en condition, afin que leurs pensées et leurs gestes soient parfaitement alignés au moment où ils devront donner le meilleur d'eux-mêmes.

Ici, l'intuition joue un rôle essentiel. De nombreuses histoires paraissent insolubles au premier abord car elles sont envisagées sous l'angle de la raison et du passé. Le karma cher à l'hindouisme n'est autre qu'un enchaînement de pensées et d'actions qui produisent peu à peu une réalité. Si l'aspect des vies antérieures est envisagé dans la tradition hindoue, c'est surtout pour rappeler que nous avons le pouvoir, à tout moment, de changer le sens de notre incarnation. Le désir n'est pas en cause. Le désir, c'est la vie. C'est l'attachement excessif à ce désir qui crée la souffrance.

Quand on m'interroge sur une situation, je prends bien garde à ne pas me laisser embarrasser par les aspects matériels, car il s'agit là du monde de la forme, qui souvent nous détourne de l'essentiel. Les faits et les choses ont de l'importance, mais ils viennent en seconde position. C'est toujours l'intention et la pensée qui occupent la première. Dans mon travail, je pars donc de la base, du centre de gravité. À l'aide de guidances, j'interroge alors le désir qui se cache derrière la problématique que l'on m'expose. Il y en a toujours un, et il devient alors le fil conducteur qui va chercher à le faire germer et s'épanouir. Partant ensuite de ce désir ou cette intuition, mon travail consistera à aligner mon client sur la réalité qu'il cherchera à rejoindre. Pour ce faire, il s'agira toujours d'intervenir en premier lieu sur les pensées et les mots.

Que vos pensées soient justes,
que votre parole soit impeccable.

CLÉ DE TRANSFORMATION

Aimez-vous, les autres vous aimeront. Cessez de médire, les autres ne médiront plus sur vous. Ne faites aucune promesse que vous ne pourriez tenir. Vous ferez ainsi l'économie de futurs embarras. Ne dites rien que vous pourriez regretter. Dites uniquement ce que vous pensez, mais surtout, pensez ce que vous dites ! Que vos mots soient les reflets transparents de votre pensée. Soyez clair comme de l'eau de roche, fidèle et juste. N'ayez qu'une parole ! Cette discipline nouvelle se transformera en actes, et ces actes en « destin » sans même que vous ayez le temps de vous en rendre compte. C'est l'enseignement d'aujourd'hui.

RITUEL

De la parole juste

Ce rituel vous apprend à prendre conscience de vos paroles et à trouver spontanément les mots justes.

Dites une phrase simple à voix haute comme : « Il fait beau » ou : « Il y a de la musique à la radio. »

Avec toute votre attention, écoutez votre voix, faites-en des modulations : en chantant, en murmurant, en élevant le ton. Avec cette simple phrase que vous avez choisie, mettez une intention, une couleur, en un mot, une émotion.

Sentez l'énergie qui traverse les mots par votre souffle.

Entraînez-vous à faire des pauses entre les mots, décomposez votre phrase. « Il (*silence*) fait beau. » « Il fait (*silence*) BEAU » (à voix forte puis à voix basse), etc. Faites-en un jeu, riez-en.

Une fois que vous aurez maîtrisé ce rituel, adaptez-le à des phrases qui ont vraiment du sens à vos yeux, dans votre contexte actuel (travail, finances, relations, etc.). Quelques mots suffisent, ne faites pas de longues phrases. Par exemple : « J'ai conscience de ma valeur dans mon travail » ou encore : « Je suis aligné sur mon être profond », et utilisez le même mécanisme de déconstruction (rythme, hauteur de voix...).

**En pratiquant un peu,
vous allez tout naturellement donner un vrai sens
à ce que vous vous dites à vous-même et aux autres.
Vos paroles seront alors vraiment porteuses
de votre énergie.**

JOUR 23

Accepter de changer

« Rien n'est aussi constant que le changement. »

HÉRACLITE D'ÉPHÈSE

Comment allez-vous ? Oui, c'est à vous, ami lecteur, que je pose cette question. Avez-vous pris votre pouls spirituel aujourd'hui ? Dans quel état d'esprit vous trouvez-vous ? Êtes-vous durablement inscrit dans le moment présent, tandis que vous lisez ces lignes ? Faites le constat *avec honnêteté*. J'insiste sur ce dernier mot. Estimez-vous *honnêtement* avoir suivi au quotidien les premières parties de notre protocole ? Si oui, félicitations ! Vous vous êtes laissé le temps, vous avez eu de la suite dans les idées et vous devez sentir un vrai changement dans votre énergie. Votre vision est plus claire, vos décisions plus faciles. Ce sont les premiers fruits : les plus durs, je crois, à récolter. Ils forment les prémices d'un changement profond et durable, dont vous ne mesurez pas encore la portée. Déjà, vous comprenez que si l'on n'a pas tout de suite ce que l'on désire, la joie d'être ici et maintenant, la reconnexion à la Présence, la gratitude d'être en vie suffisent à combler le cœur d'un être humain.

Mais j'entends certains se désespérer : « J'y arrive de temps en temps, Bruno, mais c'est si difficile ! » C'est vrai. La force des habitudes agit comme un puissant sortilège. Dites-vous que dans certaines cures thérapeutiques, la psychanalyse par exemple, certaines personnes restent allongées sur le divan pendant des années juste pour se défaire d'anciens comportements qui leur sont nuisibles ! Les nouvelles routines que je vous propose paraissent parfois difficiles à mettre en place, voire inutiles, parce qu'elles se heurtent à une résistance qui ne dit pas son nom. La résistance au changement ! Cette résistance, en fin de compte, est une crise dans laquelle on s'est installé, faute de mieux. C'est un renoncement. On se dit : « Ce n'est pas si grave. Je peux bien vivre avec cette histoire, ces réflexes, ces comportements puisque, de toute façon, il n'y a rien d'autre à faire et que c'est ma personnalité… »

De tels discours émanent de personnes qui n'ont pas envie de changer. Quand on a appris toute sa vie à s'asseoir sur une fesse (ce qui était le cas de ma mère, littéralement !), c'est-à-dire à s'identifier à son déséquilibre, l'idée d'aller mieux ne semble pas réaliste ni réalisable. On finit par s'habituer, on accepte sa propre médiocrité, ses faiblesses, on s'en prévaut. On retombe dans ses vieux travers : jugements, invasion du passé, paroles et actes qui nous font honte de nous-mêmes et participent à détériorer notre image… Et l'on s'obstine, en dépit de toutes les invitations de la Présence à aller mieux, on s'obstine parce que la blessure est puissante et que nous nous sommes trop habitués à son règne. « Les tyrans ne sont grands que parce que nous sommes à genoux », a écrit Étienne de La Boétie. Le poète ami de Montaigne affirme aussi : « Soyez résolus de ne plus servir, et vous serez libres. »

Cela dit, il y a des personnes pour lesquelles je ne peux rien faire. S'il n'y a pas une « démarche » de leur part, c'est-à-dire une volonté d'évoluer, je ne peux effectuer le travail à leur place. Malgré les guidances et les méditations profondes qui ont un impact considérable sur leur quotidien, ces personnes-là s'arrêtent tout net. En cours de route, mesurant le chemin parcouru, elles prennent peur comme l'animal au milieu du gué. Elles se retournent et, apercevant le point d'où elles sont parties, elles se mettent à idéaliser le passé, elles oublient ce qui les a fait entreprendre la traversée… Les vieux démons sont revenus, comme le crocodile fond sur la jeune gazelle au milieu du fleuve : en redoublant d'efforts (on pourrait dire ici : en s'arc-boutant sur sa blessure), la pauvre bête se met à paniquer et se livre sans s'en rendre compte à celui qui veut la dévorer. Elle ne voit pas le chemin par où les autres se ruent pour remonter sur la terre ferme. Ses congénères, impuissantes, la regardent disparaître sous les crocs acérés du prédateur. Ce prédateur, vous l'avez reconnu, c'est l'ego, et il est certain qu'il vous attend là où vous ne l'attendez pas, prêt à vous surprendre.

Si vous êtes dans cette situation, je ne saurais trop vous recommander de vous secouer. Littéralement. Sortez de l'impasse en changeant vos habitudes. Allez faire votre footing en fin de journée plutôt qu'au petit matin. Buvez du thé plutôt que du café. Faites un jeûne intermittent. Couchez-vous une heure plus tôt ou plus tard. Partez en week-end sur un coup de tête. Faites le ménage et triez vos affaires. Appelez une personne dont vous n'avez pas eu de nouvelles depuis longtemps. Faites aujourd'hui quelque chose que vous ne cessez de reporter. Éteignez les réseaux sociaux, empruntez un livre inspirant, dessinez, allez voir un spectacle. En bref, rompez le cours des choses, surprenez-vous, faites diversion ! L'identification à la blessure est une addiction, au même titre que l'alcool ou le sucre. Il est donc normal de trouver, au départ, des substituts, qui permettent de combler la souffrance et les rechutes. Alors, si vous êtes mal, c'est bien simple : sortez de cette situation ! Il n'en existe pas dont on ne puisse s'extraire, au moins un instant, le temps de souffler.

En vous surprenant ainsi, ce qui vous apparaissait comme une montagne, un prédateur, un enfermement absolu va soudain perdre en volume et prendre une forme plus conforme à ce qu'il est vraiment : un petit événement psychique de rien du tout, largement surmontable *et dont toute la puissance vient du contexte et de l'habitude.*

Or toute la démarche que vous entreprenez avec moi, celle qui vous fait lire ce livre, consiste à sortir pas à pas des mauvaises routines, des pensées, des paroles et des comportements qui ont fini par s'incruster en vous, au point de vous faire croire qu'il s'agit de votre identité.

Aussi, je ne saurais trop vous recommander la prudence envers vous-même. La psyché est ainsi faite qu'un petit déclic peut effacer comme par magie un état de mal-être qui semblait insurmontable. Si vous doutez, si vous en avez assez, rappelez-vous les raisons pour lesquelles vous vouliez changer. N'idéalisez pas le passé et observez *honnêtement* le chemin parcouru. N'est-il pas déjà immense ? Êtes-vous le même être que la semaine dernière ? N'abandonnez pas à cause de vieilles résistances. Ne retombez pas dans votre zone de confort en prétextant votre âge, votre santé ou votre situation maritale. Ne dites jamais « je ne peux pas, parce que… ». C'est faux ! Il n'existe pas de situation inextricable. Si vous pouvez intervenir sur l'extérieur : agissez. Si vous ne pouvez pas : intervenez sur l'intérieur.

À ce point du protocole, vous avez déjà parcouru la moitié du chemin ! Il faut en être fier. Vous avez quitté votre port d'attache. Vous avez fait le job ! Hier n'existe pas. Tout se passe ici et maintenant.

CLÉ DE TRANSFORMATION

Alors quand le mental malade tente de vous endormir – « Tu peux bien faire ce que tu veux, tu reviendras toujours vers moi ! » –, laissez passer les nuages. Soufflez, innovez ! C'est la leçon du jour. Plutôt que d'écouter la petite voix, prenez du temps pour vous, surprenez-vous, faites-vous du bien. Vous en avez le droit. Sortez de vos habitudes et de votre zone de confort. Décrocher d'une situation, c'est déjà résoudre la moitié du problème. Car le mal-être aussi est une habitude.

Accordez-vous des moments de pause, de déconnexion. Quand le mental s'agite, c'est que vous avez besoin de repos. Ne vous accusez pas de ne pas pouvoir ; dans nos sociétés si productives et laborieuses, on en fait et on en veut souvent beaucoup trop ! De la même manière, si le protocole devient oppressant, c'est contre-productif ! Alors ne vous prenez pas trop la tête. Ce qui importe, c'est la continuité dans le changement, pas l'intensité immédiate des choses. Soyez persévérant, fidèle à vous-même. En cas de crise, tentez de vous souvenir de l'état dans lequel vous étiez au commencement, revenez aux premiers chapitres de ce livre sur l'observation et le non-jugement, figurez-vous le chemin parcouru. N'êtes-vous pas déjà un peu plus libre ?

RITUEL

De décrassage

Aujourd'hui, secouez-vous, littéralement, comme l'animal mouillé qui s'ébroue. Plusieurs fois dans la journée, debout, sans raideur, frappez d'abord dans vos mains pour chasser les énergies négatives. Faites-le à plusieurs reprises pour vous réveiller de vos préoccupations. Puis, faites de petites tapes sur vos cuisses, de haut en bas, à l'arrière puis à l'avant.

Imaginez que vous enlevez toute la poussière qui se serait accumulée sur vous. Faites de même avec vos bras et vos avant-bras. Puis massez vigoureusement vos reins, de haut en bas et de bas en haut. Répétez l'opération trois ou quatre fois et prenez de larges respirations. Soufflez ! Une fois que vous avez terminé, faites des pas dans votre salon, sentez votre corps se mouvoir. *Sentez* le mouvement, sentez les changements intérieurs même minimes qui accompagnent ce rituel. Utilisez-le à chaque fois que votre mental s'enlise et vous immobilise.

JOUR 24

Bilan de la quatrième semaine

« On peut toujours plus que ce que l'on croit pouvoir. »

JOSEPH KESSEL

Nous voilà parvenus au terme de notre quatrième semaine. Nous avons bien avancé ! À ce moment du protocole, vous avez pu prendre conscience de plusieurs éléments fondamentaux.

Le premier, c'est la désidentification de votre histoire, votre karma familial. Vous pouvez réaliser à quel point vous vous étiez éloigné de leur centre de gravité. Désormais, vous êtes en mesure de ressentir les effets d'une attention accrue à la Présence. Vous vous attelez au non-jugement, et cette discipline exigeante commence à porter ses fruits.

Dans le même temps, vous commencez à entrevoir les bénéfices d'une vie centrée sur le moment présent. Vous êtes davantage enclin à écouter votre désir et votre intuition. Le sentiment d'abondance, associé aux rituels, à la visualisation, vous permet de concevoir de nouveaux niveaux de réalité. C'est une vraie transition : le changement est à l'œuvre. C'est à ce moment que je tiens à vous rappeler l'importance d'affirmer votre « Je suis ». Il faut bien s'en imprégner, utiliser sa parole pour canaliser son énergie.

Tout en vous répétant que le verbe « être » est performatif, c'est-à-dire qu'il finit, lorsqu'on l'utilise, par devenir quelque chose de concret dans ce monde (des objets et des faits), je vous recommande à ce point du parcours de recenser les expressions que vous utilisez fréquemment pour parler de vous-même et des autres, ainsi que pour qualifier les problèmes auxquels vous êtes confronté. Aussi, je vous demande : « À quels moments dites-vous "Je suis" ? » Si cela va dans le sens de votre bien-être – « je suis heureux en ce moment », « je suis confiant dans l'avenir », etc. –, tout va bien : vous envoyez un message positif à l'univers, qui vous répond par une forme d'abondance. Le « Je suis » s'est alors transformé en « J'ai ».

À l'inverse, je vous suggère de bannir les phrases comme : « Je suis en colère » ou : « Je ne suis pas capable de réaliser telle ou telle chose. » Je vous propose de les noter dans votre carnet chaque fois que vous les utilisez et de décrire en quelques mots le contexte. Ainsi, vous prenez conscience des répétitions, ce qui vous permet de changer. Vous comprenez alors l'importance des pensées et des mots : ce ne sont plus pour vous simplement des choses volantes et immatérielles, ce sont des futures actions, un futur caractère, un futur destin. En intervenant sur eux, vous vous autorisez dès lors à changer votre existence. Un nouvel art de vivre peut naître.

CINQUIÈME SEMAINE

Vibrer !

JOUR 25

Ressentir les vibrations

« Si vous voulez trouver les secrets de l'univers, pensez en termes d'énergie, de fréquence, d'information et de vibration. »

NIKOLA TESLA

Dans ma pratique de médium et d'accompagnant spirituel, j'ai appris une leçon fondamentale :

Le monde est une somme infinie de vibrations.

Tous les messages que je reçois, toutes les guidances que je donne sont issus d'une fréquence vibratoire élevée. Ils émanent de la Présence. Tout vibre !

Vous-même, vous êtes traversé de toutes parts de champs vibratoires. Sans vous en rendre compte. Il y a les ondes radio, telluriques, électriques, les vibrations dégagées par votre téléphone… Et surtout, il y a les ondes qui jaillissent des personnes que vous fréquentez au quotidien. Ces vibrations rentrent en interaction permanente avec votre environnement intérieur, car vos cellules y réagissent directement.

Dans les années 1930, dans le sud de la France, un chaudronnier de son état et passionné de radiesthésie s'est intéressé à la fréquence vibratoire des aliments. En élargissant le spectre de ses recherches aux objets, aux animaux et aux hommes, il a conçu la fameuse échelle de Bovis, qui porte son nom. Cette échelle permet de mesurer la fréquence vibratoire d'un aliment, d'une personne ou d'un lieu. À titre d'exemple, la pomme sur l'arbre possède un taux vibratoire maximal. Une fois cueillie, à mesure que les semaines passent, elle perd de sa fraîcheur et se gâte. Cette évolution est mesurable en termes de fréquence vibratoire (d'énergie dégagée) grâce à l'échelle de Bovis. Aujourd'hui, un grand nombre de thérapeutes, de radiesthésistes et d'énergéticiens utilisent cet outil précieux.

Il est très fréquent qu'une personne, même si elle ne se considère pas comme particulièrement spirituelle, ressente la tension d'un lieu, d'une situation, d'un objet ou d'un individu. Une salle de réunion, un restaurant, une maison, une photographie dégagent ce je-ne-sais-quoi qui nous agite ou nous met mal à l'aise. *A contrario*, la présence à nos côtés d'une personne calme et souriante, un chat ronronnant sur nos genoux ou une lecture inspirante élèvent notre énergie et nous apaisent. Le ressenti est plus aigu lorsque notre état de conscience est élevé, car nous percevons alors les pulsations d'énergie de l'univers. Pourquoi ? Parce que les cellules de notre organisme entretiennent un dialogue permanent avec le monde extérieur. Elles échangent secrètement avec la fleur, l'animal, l'humain et le monde invisible.

Au niveau cellulaire comme subatomique, les transferts d'énergie sont constants. Notre corps possède cette extraordinaire faculté d'emmagasiner et de stocker de l'information à l'échelle microscopique. À l'occasion d'un événement, d'une épreuve ou d'une situation de danger, le corps réagit de toutes ses cellules à la fois. D'ailleurs, notre enveloppe charnelle ne fait pas la différence entre un danger réel et un imaginaire. C'est particulièrement vrai pour les chocs émotionnels. Une cliente m'a raconté un jour que son mari, au décès soudain de sa mère, s'était réveillé un beau matin avec les cheveux tout blancs ! La nouvelle avait été si brutale que ses cellules capillaires s'étaient oxydées. L'onde de choc s'est comportée comme un tsunami à l'intérieur de son corps énergétique et, en cascade, dans ses cellules. Ces constats sont désormais admis par les scientifiques. De nombreuses expériences de laboratoire – notamment sur les souris – ont montré par exemple que le stress dégrade les synapses, ces zones cérébrales chargées de lier les neurones aux autres cellules nerveuses.

Le niveau de notre oscillation vibratoire détermine la qualité de notre santé, physique et morale. Par la loi d'attraction, nous attirons ce qui correspond à notre niveau de vibration. Nous créons nous-mêmes notre réalité. Partant, cela veut dire que nous vivons dans un environnement et nous entretenons des relations avec des personnes qui correspondent à notre fréquence vibratoire. Inscrivez ceci en lettres d'or dans votre esprit :

Tout, autour de nous,
réagit à ce que nous émettons.

De la pierre à l'homme en passant par le végétal et l'animal, chaque être, chaque objet vibre dans l'univers et possède son énergie propre. Que ce soit dans notre famille, notre travail, notre maison, nos meubles, jusqu'à notre voiture ou notre Smartphone, tout dégage une énergie qui impacte directement notre quotidien. Même le monde invisible. Ou plutôt, à commencer par lui.

Ainsi, lorsque nous souhaitons changer une situation ou une relation malheureuse, il est important de repérer la fréquence dans laquelle nous évoluons. Car c'est elle qui attire à nous (et les maintient) toutes les personnes et tous les événements qui font de notre vie ce qu'elle est au présent. Tant que nous évoluons dans cette même vibration, rien ne change et, bien souvent, ce sont les mêmes schémas qui se reproduisent à l'infini. C'est pourquoi tant de personnes ne parviennent pas à modifier le cours de leur vie : elles sont prisonnières d'une fréquence qui ne leur convient plus et les éloigne du bonheur, à la manière de ces champs magnétiques infranchissables.

Derrière ces réflexes conditionnés se cache une énergie, une vibration qui correspond à un état intérieur ou extérieur. Cette énergie est prisonnière de notre pensée, de notre histoire, de nos habitudes. Comme nous l'avons vu dans les chapitres précédents, les pensées, les paroles, les actions créent une habitude, un modèle de vie qui devient une sorte de destin. Sur le long terme, les mêmes causes finissent par produire les mêmes effets. Des habitudes de pensée, des opinions bien arrêtées et entretenues affectent durablement notre caractère vibratoire. Sans même nous en apercevoir, nous passons notre vie à surfer sur différents états que nous considérons comme des humeurs, des sentiments souvent contradictoires et que nous ne contrôlons pas. Émotionnellement, nous sommes touchés, et notre mental conçoit des scénarios que nous prenons pour des réalités. Nous en venons à dramatiser, à « surjouer », comme disent les comédiens, c'est-à-dire à rajouter du drame au drame, de l'histoire à notre histoire. Ce sont là les réflexes bien connus de l'ego malade qui nous maintient dans l'illusion. Bref, à trop raisonner, nous ne résonnons plus !

CLÉ DE TRANSFORMATION

Il faut donc aujourd'hui comprendre ceci : la discipline nouvelle que les jours précédents ont instituée – le non-jugement, le travail sur la pensée… – vous placera dans une fréquence vibratoire élevée. En entrant en résonance avec le monde, cette fréquence nouvelle vous permettra de rencontrer des personnes différentes et de découvrir des niveaux de réalité insoupçonnés. Commencez ainsi, petit à petit, à écouter les vibrations du monde : cela est à la portée de tous. Il suffit de se laisser sentir. Le reste viendra par lui-même, car l'univers donne en abondance.

RITUEL

Du toucher vibratoire

À plusieurs reprises dans la journée, assis ou debout, frottez vos deux mains l'une contre l'autre énergiquement jusqu'à ce qu'elles soient bien chaudes. Vos paumes doivent exhaler une forte chaleur. Placez-les alors sur vos yeux fermés. Chaque main doit occulter la vue complètement.

Ressentez en premier lieu la chaleur qui se diffuse sur vos paupières. Appréciez ce moment. Visualisez alors cette chaleur se répandre à l'intérieur de votre corps. Sentez cette vibration agir en vous comme un baume apaisant. L'énergie générée se répand dans vos artères, dans votre cœur, vos poumons, puis se projette dans votre estomac, votre foie jusqu'à atteindre tous vos organes internes. C'est une sensation de plénitude.

Une fois cette première étape réalisée, asseyez-vous et joignez les mains, le dos de l'une dans la paume de l'autre. Posez-les alors sur vos cuisses, en méditation. Que vos doigts soient tout à fait détendus. Respirez profondément et restez dans cet état quelques minutes.

Considérez vos deux mains réunies
comme l'unité des contraires (droite et gauche).
Ayez conscience de leur complémentarité, il n'y a aucune opposition entre elles ; au contraire, elles collaborent.
Méditez encore quelques minutes sur cette sensation.

Enfin, décroisez les mains, et, les yeux fermés,
touchez votre visage délicatement, comme un aveugle
qui découvrirait les formes nouvelles sous ses doigts.
Redécouvrez votre visage avec ces nouvelles sensations.
Sentez cette énergie par le toucher, comme une rosée
énergétique qui vous renouvelle. À l'intérieur
comme à l'extérieur, à droite comme à gauche,
vous vous êtes relié à votre énergie.

JOUR 26

Se mettre au diapason du monde

« Plus vous louez et célébrez votre vie et plus il y a de la vie pour célébrer. »

OPRAH WINFREY

Cette leçon est la suite logique de la précédente. Elle découle également de tous les cycles qui précèdent. Au début de cet ouvrage, je vous ai proposé de prendre votre pouls spirituel. Il s'agissait de faire de courtes haltes à différents moments de la journée. Durant une minute ou deux, je vous proposais de prendre quelques grandes respirations abdominales, en gonflant votre ventre tandis que vous inspirez. Après un court arrêt, vous expirez profondément. Rien qu'avec cet exercice, vos idées deviennent plus claires. Une fois calme, vous observez en vous et autour de vous, sans aucun jugement. Vous êtes là, aligné avec vous-même. Comment vous sentez-vous en cet instant précis ? Êtes-vous tranquille ou inquiet ? Quel est votre état d'esprit depuis la dernière prise de votre pouls spirituel ? Vous observez vos pensées, vous apaisez vos mots. Vous ne vous accusez plus et entrez dans un état de fraternité avec votre propre esprit.

Je vais maintenant ajouter un petit élément à cette discipline quotidienne. En prenant votre pouls, vous allez tenter de repérer votre niveau d'énergie, tout au long de la journée. Y a-t-il un moment où votre fréquence est basse ? Remarquez en quelles occasions et notez-le. De la même manière, visualisez-vous des lieux, des personnes ou des objets qui vous semblent « aspirer » votre énergie ou vous en donner ? Quelles sont les fréquences qui vous font du bien ? Apprenez à écouter ce qui se trouve autour de vous. Mettez-vous au diapason de la Présence et sentez-vous vibrer. L'univers parle, vous verrez.

J'ai connu une personne qui était saisie d'angoisse tous les dimanches vers 19 h 30. Depuis des années, elle revivait ce moment et le redoutait. La semaine se passait plutôt bien, mais au week-end, son ventre se nouait. En fin d'après-midi, le dimanche, cette personne avait des spasmes abdominaux et des sueurs froides. À l'heure fatidique, elle manquait de s'évanouir et devait s'allonger un long moment pour reprendre ses esprits. Quand elle est venue me voir, elle était à un sommet de tension émotionnelle et son pouls spirituel me paraissait très bas. Nous étions un lundi. La nuit précédente avait été cauchemardesque, tout agitée qu'elle était à la perspective de notre rendez-vous.

Au début de notre entretien, j'ai demandé à cette cliente de me décrire sa situation. Invariablement, tous les dimanches soir, elle racontait être « saisie » de stress sans en comprendre l'origine. Nous avons rapidement écarté l'hypothèse des angoisses de fin de week-end. Pour beaucoup, en effet, le dimanche est un prélude à une nouvelle semaine, à de nouvelles contrariétés, au stress du travail ou des transports. Mais, ici, j'avais affaire à une femme dynamique, positive et enjouée. Je ne percevais aucune espèce de mal-être quotidien qui aurait pu la miner ainsi.

J'ai eu alors une vision. J'ai demandé à cette cliente si les douleurs de l'enfantement pouvaient évoquer quelque chose pour elle. Pas à première vue, m'a-t-elle répondu. Cependant, en cherchant bien, elle s'est souvenue que sa mère avait énormément souffert lors de son accouchement. La péridurale avait été insuffisante et la sortie du bébé s'était accompagnée d'abondantes pertes de sang. C'est là, dans un éclair intuitif, que j'ai eu l'idée de lui demander quel jour de la semaine elle était née. Elle l'ignorait.

La séance suivante, ma cliente est revenue ébahie. Sa mère avait accouché un dimanche à 19 h 30 précises, et le travail avait démarré en début de week-end. Tout était clair à présent. Tout concordait. Cette dame vibrait depuis des années à la fréquence du trauma de sa mère. Voulant en finir avec ce karma familial qui la persécutait, elle m'a alors demandé par quel moyen elle pourrait se détacher des vibrations de sa mère. Comme elle n'était pas familière de ma pratique, je lui ai enseigné pas à pas une façon simple de se mettre à sa propre fréquence. L'intérêt de cet accompagnement réside dans le fait qu'il est personnalisé : en quelques séances, cette dame a ainsi pu acquérir une méthode pour être autonome, dans le cas où elle retomberait dans une fréquence néfaste pour elle.

Peu à peu, ma cliente a d'abord appris à se désidentifier des vibrations que lui avait léguées sa mère. Nous avons ensuite travaillé sur sa respiration. À force de paroles ajustées, de méditations profondes, elle a retrouvé un niveau vibratoire optimal. Puis son oppression s'est calmée, pour disparaître tout à fait en quelques mois. À la place, elle a établi un rituel certains dimanches soir. Elle appelle cela son « petit-déjeuner suisse ». Il est composé d'un chocolat chaud et de tartines beurrées. Allez savoir ce que ces mets déclenchent en elle ! Quoi qu'il en soit, elle y trouve de la joie.

CLÉ DE TRANSFORMATION

Soyez à l'écoute de vos vibrations et des vibrations du monde. C'est la clé. Il vous est possible, à tout moment, de ressentir les oscillations de l'univers. Vous pouvez résonner avec tout ce que vous souhaitez et vous mettre en sympathie avec la Présence, qui est partout. Pour vous y aider, je vous propose le rituel suivant.

RITUEL

D'équilibrage des chakras

Les chakras sont des vortex qui concentrent votre énergie vitale à la manière de « roues » localisées sur sept points du corps énergétique (en sanskrit, le terme *chakra* se traduit en effet par « la roue »). On peut les imaginer comme des disques qui tournent sur eux-mêmes à très grande vitesse. Chaque chakra possède sa propre fréquence vibratoire, qui correspond à une couleur et à un son. Lorsque vous subissez un choc physique ou émotionnel, le mode vibratoire de votre corps se dérègle. Vous dormez moins bien, vos pensées sont confuses. Vos organes réagissent en envoyant des signaux d'alarme à travers tout votre organisme. Vos cellules sont désorganisées et ont besoin d'aide pour retrouver leur état naturel. Par l'écoute de sons sacrés et la visualisation de couleurs, vous réorganisez en douceur les échanges d'énergies. C'est comme un métronome qui retrouverait son rythme naturel. On utilise d'ailleurs le terme « solfège » pour désigner ces fréquences vibratoires. Chacune d'entre elles représente une note sur la portée musicale. Vous pouvez repérer ci-dessous le chakra qui correspond à votre problématique émotionnelle et énergétique et méditer sur l'un ou l'autre de ces centres d'énergie, ou encore faire un « bain » vibratoire de l'ensemble de vos chakras.

Chakra Racine

racine – couleur rouge – 432 Hz

Possède des effets positifs sur les peurs
et les sentiments de culpabilité. Il contribue à libérer
les vieux réflexes, à comprendre les liens karmiques.

Chakra Sacré

sacrum – couleur orange – 480 Hz

Aide à libérer les émotions lourdes, non bénéfiques.
Allège les « pieds de plomb ».

Chakra du Plexus solaire

plexus solaire – couleur jaune – 528 Hz

C'est le chakra des sages.
Il stimule l'imagination et l'intuition.
Il aide à ressentir le désir de vie.

Chakra du Cœur

cœur – couleur verte – 594 Hz

Équilibre des relations humaines.
Apprentissage de la tolérance.
Ce chakra est très utile pour s'exercer
à l'observation et au non-jugement.

Chakra de la Gorge

gorge – couleur bleu clair – 672 Hz

Expression de soi.
À utiliser pour affirmer son « Je suis »,
exprimer son identité profonde.

Chakra du Troisième Œil

sourcils – couleur indigo – 720 Hz

C'est le chakra de l'éveil spirituel par excellence.
À activer pour sortir des illusions de la vie,
des visions erronées sur le passé et l'avenir,
pour solliciter le Grand Moi.

Chakra Couronne

sommet du crâne – couleur violette – 768 Hz

La Présence. C'est l'énergie universelle
et le monde spirituel.
Ce chakra vous aide à vivre ici et maintenant,
à ressentir la Présence.

Concrètement, comment s'y prendre ?

Allez sur YouTube et notez dans la barre de recherche le nom du chakra à équilibrer. Par exemple, 672 Hz pour le chakra de la Gorge. Différentes propositions de musiques correspondant à la vibration de ce chakra vous seront proposées, à vous de choisir celle qui vous inspire ! Sélectionnez le son à écouter, puis mettez vos écouteurs. Prenez plusieurs respirations amples et fermez les yeux. Laissez-vous baigner de la musique et de ses vibrations, en visualisant la couleur et le chakra concernés. Il existe plusieurs autres fréquences que vous trouverez facilement sur Internet. Certaines vous correspondront davantage à des périodes différentes.

N'hésitez pas à les changer pour éviter l'habitude. Selon les chapitres travaillés dans cet ouvrage, adaptez votre méditation à l'étude du jour. Ainsi, vous pouvez commencer par le chakra Racine pour dépasser vos peurs, même inconscientes. Les inquiétudes, les projections seront soignées par la fréquence 432 Hz. Cultivez la Présence avec le 768 Hz, etc.

À l'époque du tout-électrique, vous aussi, rechargez-vous ! Faites-le régulièrement, donnez-vous des rendez-vous avec vous-même. Votre fréquence s'élèvera insensiblement, sans autre effort, comme une plante desséchée que l'on arrose et qui reprend vie.

JOUR 27

Augmenter sa fréquence vibratoire

« Tu es le créateur de ta réalité.
C'est par la pensée que tu la fais exister. »

N. D. WALSCH

Il ne faut pas sous-estimer la puissance de l'intention. Nos pensées, nos paroles et nos actes dégagent une fréquence vibratoire qui rejaillit tout autour de nous et sur nous. Pour que cette fréquence vous soit profitable, entretenez patiemment votre univers intérieur. Prenez le temps. Rome ne s'est pas faite en un jour ! Il y a des moments plus propices que d'autres. Et même si vous ne constatez pas d'effets immédiats, cela ne veut pas dire qu'à l'intérieur, ça ne travaille pas.

Certains jours, il est à prévoir que vous vous sentirez happé par votre ancienne vie, vos vieilles coutumes. Reconnaissez-le et n'en faites pas un drame. Il y a toujours quelques pas en arrière pour chaque bond en avant. La blessure s'invite ? Ne la combattez pas. Acceptez qu'elle vous rende visite de temps à autre. Ne cédez pas à l'envie de vous contracter, car c'est ce que l'ego souhaite provoquer.

Le simple fait d'observer la résurgence d'anciens fonctionnements suffit le plus souvent à les désamorcer. C'est le pouvoir de la conscience !

Cela dit, n'attendez pas d'aller mal pour vous exercer. C'est une erreur de croire qu'il ne faut traiter les problèmes que lorsqu'ils se présentent. Au contraire, profitez des moments d'embellie pour engranger de l'énergie. Aux jours plus sombres, vous serez heureux d'utiliser votre petit pactole. Soyez comme l'écureuil qui fait ses réserves pour l'hiver.

**L'énergie est notre bien le plus précieux.
Elle s'engrange, se dépense.**

On doit en prendre soin. Nous ne pouvons nous en passer ni la dilapider sans conséquences. C'est grâce à elle que nous nous levons le matin, que nous vaquons à nos tâches et que nous interagissons avec autrui. Les pensées limitantes, l'identification excessive à nos soucis restreignent sa circulation et son épanouissement. Si elle ne peut passer en nous, elle détournera son lit pour continuer sa route et nous laissera sur le côté. Beaucoup de nos malheurs viennent du simple fait que nous ne savons pas utiliser correctement notre énergie. Or, quand nous l'employons mal, quand nous nous plaçons dans de mauvais contextes, cette énergie qui sert en temps normal de carburant peut avoir l'effet inverse : nous inhiber, nous dévitaliser, nous priver de notre force.

L'être humain place son ego au sommet de la pyramide et étouffe complètement son intuition. C'est ce qu'on appelle « marcher sur la tête ». Quand je songe à quel point le monde extérieur est le reflet du monde intérieur, je me dis que le dérèglement climatique est peut-être dû à l'avidité de l'homme. Il y a des inondations dans le Nord. Dans le Sud, les nappes sont à sec. Tout est déréglé par notre entêtement aveugle à ignorer notre dimension spirituelle, la seule véritable. Si les êtres humains étaient conscients de leur vraie nature, ils ne s'affronteraient pas, ils collaboreraient. Ils ne pilleraient pas les ressources naturelles au profit de quelques-uns qui s'autoproclament les maîtres du monde.

L'extérieur reflète l'intérieur, au niveau individuel comme à l'échelle d'une population, d'un pays. La somme des pensées et des comportements humains crée un puissant égrégore. Une nation soudée comme un seul homme peut accomplir des miracles pour ses citoyens ou les asservir jusqu'au dernier. Nous prenons les guerres et l'agressivité pour « le comportement naturel des hommes », mais rien n'est moins faux. L'être humain n'est pas fait pour se battre. S'il se bat contre lui-même, c'est qu'il a sacrifié toute sa vie au mental, à l'ego, à la rationalité et au calcul. Or, de la même façon que l'amour engendre l'amour, au niveau collectif, la haine engendre la haine, la violence d'autres violences. Et une fois que le cercle vicieux s'est installé, il est difficile d'en sortir !

Ce n'est donc pas une simple formule si je vous dis que les pensées, les paroles et les actes doivent être *impeccables*, et qu'il faut faire très attention à la négativité qu'on insuffle dans notre vie, et aux énergies qu'on fait circuler. En soi, il n'y a pas de bonnes ou de mauvaises vibrations. Il y a l'énergie, c'est tout. C'est l'usage qu'on en fait qui détermine le résultat. La fission de l'atome a prouvé sa redoutable efficacité pour éradiquer toute forme de vie. L'histoire l'a démontré à deux reprises. Mais la fission peut aussi fournir l'énergie nécessaire aux hôpitaux et à notre confort. Tout dépend du choix que l'on fait.

**Nous sommes créateurs de notre réalité.
Libre à nous de mettre du bien
ou du mauvais dans ce monde.**

Sur le plan individuel, chacun a la responsabilité de son propre écosystème. Mais sur le plan collectif, c'est l'alliance des forces de bonne volonté qui permettra un vrai changement de conscience.

CLÉ DE TRANSFORMATION

N'attendez donc pas ! Tout se passe maintenant. Élevez votre fréquence vibratoire en pratiquant l'observation, la méditation, le non-jugement. Laissez rentrer la lumière, invitez la Présence. Demandez de l'aide au Ciel, aux anges gardiens. Convoquez l'énergie de la Vérité, de l'action juste. Mettez de la Présence dans tout. Plus vous investirez les êtres et les choses de votre intention, plus l'univers vous répondra. Ces réponses au nombre infini élèveront peu à peu votre fréquence, sur le même principe que « donnez et vous recevrez ». Tout cela vous offrira non seulement une grande force, mais contribuera à l'élévation générale de l'humanité. Le salut est en nous !

RITUEL

Du petit papier

Prenez un papier sur lequel vous écrivez de votre plus belle écriture : « J'élève ma fréquence vibratoire et je me renouvelle aujourd'hui dans tous les domaines. » Prenez le temps pour écrire, regardez-vous en train de former les lettres. Écrivez d'abord en minuscules, puis en majuscules. Préférez dans tous les cas votre main plutôt que l'ordinateur. Relisez ce que vous avez écrit, répétez ce petit texte à haute voix, puis pliez votre papier en deux.

Placez-le ensuite sous votre oreiller ou votre matelas et dormez dessus sept jours d'affilée. Chaque matin, récupérez le précieux papier et lisez à haute voix ce que vous avez écrit. Mettez-y toute votre attention. Vous devez croire à ce qui est écrit, car cela *vient de vous*. Rangez le petit papier dans votre sac ou votre portefeuille. N'y pensez plus. Ce soir, ressortez votre papier et lisez à haute voix le texte que vous avez écrit. Surtout ne récitez pas machinalement mais mettez-y tout votre cœur. Puis, replacez-le sous l'oreiller. Au bout des sept jours, vous pouvez le déchirer en conscience, puis le jeter, comme le sachet de thé qui a infusé. Notez durant toute cette semaine les sensations qui vous viennent, les rêves que vous faites, même s'ils semblent n'avoir aucun rapport avec votre rituel. Vous constaterez une élévation naturelle de votre fréquence vibratoire : meilleur sommeil, moins d'inquiétude, une détente générale. Ce rituel conditionne votre inconscient à dépasser les barrières apparentes, et à élever significativement votre niveau d'énergie.

JOUR 28

Apprivoiser la vie

« La vie, ce n'est pas attendre que l'orage passe, c'est apprendre à danser sous la pluie. »

SÉNÈQUE

Beaucoup de personnes s'imaginent qu'en changeant les conditions extérieures de leur vie, elles deviendront meilleures. Elles pensent que gagner au loto les rendra heureuses et les affranchira des limites que la vie leur impose. Ou bien qu'en atteignant leurs objectifs professionnels, en achetant leur maison ou en accumulant suffisamment d'épargne, elles seront satisfaites, elles pourront se reposer ou s'adonner à leur passion. Tout cela, évidemment, est important dans le monde de la forme : il faut avoir un toit, de quoi manger et une vie commode. Mais en dehors de cette base légitime, sur le plan spirituel, toutes ces quêtes de carrière et de possession restent des illusions.

On interrogeait l'inénarrable Louis de Funès sur son incroyable parcours professionnel, son immense réussite. Il fut, dit-on, dans les années 1970, l'un des comédiens les mieux payés d'Europe. On pourrait imaginer qu'il était à l'abri de tout tracas. Eh bien non ! Dans l'une de ses nombreuses interviews, il se révélait un homme inquiet et insatisfait, bien loin de l'image de trublion que véhiculaient ses personnages. Il avouait s'endormir tous les soirs avec l'angoisse oppressante que tout s'arrête. Pourtant… ! dirions-nous. Il possédait un magnifique château, que l'on peut visiter aujourd'hui, des terres et un patrimoine garantissant la sécurité des siens sur plusieurs décennies. Cet homme qui fait encore rire des générations d'admirateurs n'était pas serein. Sa boulimie de travail et les incomparables mimiques qu'il inventait cachaient un cœur tendre certes, mais inquiet. Louis de Funès avait sa blessure et rien dans le monde matériel n'était parvenu à la guérir.

On n'a pas idée de ce que les gens vivent, de ce qui se passe derrière la vitrine, dans l'arrière-boutique. De nombreux milliardaires souffrent d'insomnie chronique, d'angoisse, de paranoïa, d'une dépression liée à des blessures anciennes que la prospérité a cru guérir – en vain. Il n'y a aucun mal à vivre dans l'opulence. L'abondance est le principe même de la vie. Mais il est illusoire de s'imaginer que les objets, les faits et les autres nous soigneront.

En réalité, on ne guérit jamais vraiment de sa blessure. C'est la sagesse suprême de le comprendre.

On aimerait s'en débarrasser, l'oublier, ne plus y penser mais elle est là. Pour quelle raison ? me demanderez-vous. Eh bien, tout simplement parce que la vie en elle-même est une blessure. Nous venons au monde et la dualité entre notre âme, qui aspire à l'éternité, et les contraintes de notre enveloppe charnelle nous blesse. De cette blessure-là, on ne guérit vraiment qu'avec la mort, lorsque notre âme se réunit à la Présence. Mais durant toute cette phase qui précède l'éternité et qu'on nomme la vie, il nous faudra la panser, en demeurant actifs, éveillés, en travaillant continuellement sur nous-mêmes, en comprenant enfin qu'il n'existe pas d'état de fixité ou de béatitude sur terre.

Ce qui doit changer, c'est l'intérieur de l'homme. Serez-vous différent lorsque vous aurez satisfait vos désirs ? Lorsqu'on aura comblé vos manques d'amour ? Qui vous rassurera et apaisera vos peurs ? Personne d'autre que vous-même.

C'est en nous que tout se décide.

Vous ne pouvez attendre le changement comme l'oisillon attend la becquée.

Dans les redoutables maisons d'arrêt californiennes, des stages de méditation et de yoga sont proposés aux détenus les plus coriaces. Certains d'entre eux, condamnés à la perpétuité incompressible, ont accepté de témoigner à visage découvert. En visionnant ces vidéos exceptionnelles, on s'aperçoit que, derrière les gros bras et les tatouages criards, l'âme de ces bagnards s'est mise à briller : ils vibrent ! De lourdes épreuves les ont conduits à l'internement définitif. Braquages, viols, meurtres. Ils ne se sont pas retrouvés là par hasard. Pourtant, du fond de leur minuscule cellule, ces témoins de l'extraordinaire ont affirmé qu'ils se sentent libres. Pas sur le plan matériel, bien sûr, mais à l'intérieur. Ils se disent en paix. Ils se sont convertis à la Présence. Ils n'ignorent pas leur blessure ni le mal qu'ils ont occasionné. Comment le pourraient-ils ? Mais ils le transcendent par la méditation profonde, la pratique du yoga et des lectures inspirantes. Leur désir spirituel s'est affirmé : c'est la seule et unique manière, pour eux comme pour nous, de se soigner du mal suprême que cause le fait de vivre.

Cet exemple extrême nous invite à réfléchir. C'est un fait : la blessure sera toujours là, elle est une part de nous. C'est elle qui nous a jetés sur les routes de la vie. Or, de la vie, on ne se soigne pas. On l'apprivoise, c'est tout. On s'y acclimate en s'occupant de son ego malade d'hypertrophie. Partant d'un obstacle, notre blessure devient un moteur. Elle cesse de bloquer nos énergies. Nous nous mettons à vibrer de notre pleine puissance. Les fréquences vibratoires s'accordent au monde et nous ouvrent un infini de possibles.

CLÉ DE TRANSFORMATION

La plus belle invitation du monde n'est-elle pas de s'aimer les uns les autres comme l'a enjoint Jésus à ses disciples ? Aimer l'autre, c'est accepter que nous sommes toutes et tous des êtres blessés, et en même temps, c'est voir en lui plus que sa blessure. C'est se relier à son âme, son Grand Moi. On ne peut aimer l'autre en le jugeant ou en se jugeant soi-même. Ce n'est qu'en cherchant la Présence et l'éveil en toutes choses qu'on devient bienveillant avec toute forme de vie, y compris avec soi-même.

RITUEL

D'acceptation de la blessure

Allumez une bougie. Asseyez-vous confortablement. Placez une main sur une zone de votre corps où vous ressentez votre blessure physique ou émotionnelle. Imaginez que vous vous envoyez de la lumière et de la chaleur dans cette partie de votre corps. Ce peut être votre main, votre bras ou votre jambe, à moins que ce soit votre ventre, siège des émotions.

Visualisez cette lumière comme un baume de guérison. Répétez alors doucement et en conscience : « Je reconnais ma blessure et je l'accueille avec amour et compassion. »

Massez alors légèrement la zone concernée en diffusant une intention de guérison. Soignez-la, voyez-la se cicatriser. Restez dans cet état en vous envoyant à vous-même bienveillance et douceur.

Quand vous vous sentez prêt, ouvrez les yeux et soufflez doucement sur la bougie en remerciant l'univers pour ce moment de soin.

JOUR 29

Rester attentif et concentré sur le présent

« D'un œil, observer le monde extérieur, de l'autre, regarder au fond de soi-même. »

MODIGLIANI

Une cliente m'a dit un jour qu'elle comptait ses doigts un à un pour revenir au moment présent. Lorsque les vieilles inquiétudes pointaient le bout de leur nez, elle avait recours à ce petit stratagème. Dès que le « petit vélo » commençait à tourner en boucle dans sa tête, elle regardait d'abord sa main gauche, agitait un doigt puis l'autre, depuis l'auriculaire jusqu'au pouce. Elle faisait la même chose avec la main droite avant de recommencer avec l'autre main. Si ce n'était pas suffisant, elle alternait un doigt sur deux, s'arrêtait, respirait, repartait. Cette pratique est devenue son rituel et l'a aidée à retrouver l'essence du moment présent. Et vous, quelle serait la vôtre ? N'hésitez pas à rire de vos petits travers et à inventer vous-même des trucs qui vous « décollent de la vitre », pour parler un langage imagé. L'humour donne de la hauteur, du tonus. Mettez du second degré dans tout ce que vous faites. Quand votre mental fait des siennes, opposez-lui une calme affirmation de ce qui est maintenant.

Nous allons bientôt arriver à la fin de ce protocole d'accompagnement. Ce qui signifie que vous allez devoir continuer la route par vous-même, en faisant vôtres ces enseignements. Tout continue quand vous aurez fermé ce livre. Je dirais même que c'est à ce moment que les choses sérieuses commencent. L'idée est de ne pas relâcher votre attention. Comme je l'ai souligné à plusieurs reprises :

L'observation de l'instant présent doit être pour vous une seconde nature, comme respirer, marcher, parler.

Il faut s'y tenir. C'est votre bouclier contre l'ego et l'illusion du temps. Si vous relâchez votre attention en vous croyant vainqueur ou vaincu, il est à parier que les vieux schémas reviendront au galop – et là réside le piège.

Pensez-le comme un médicament : si le médecin vous prescrit de le prendre pendant dix jours, vous ne devez pas arrêter le traitement en cours de route, sous prétexte que vos symptômes ont disparu. Votre praticien connaît les instructions à suivre, c'est un professionnel. De même, dans votre chemin d'ouverture, il faut veiller. La vigilance est indispensable. Elle ne veut pas dire se crisper, se donner des ordres. Le mental n'a rien à voir là-dedans. C'est l'attention à la Présence, à tout ce qui est, qui seule vous accorde la vraie liberté. Cela implique le calme intérieur.

Imaginons que vous formiez le projet d'un voyage avec votre compagnon ou votre compagne. Ensemble, vous comparez le prix des billets, des hôtels, vous anticipez votre séjour. Lorsque vous êtes devant votre écran, remarquez si vous êtes calme ou fébrile. Quelle est votre attitude intérieure ? Prenez votre pouls spirituel. Comment réagit votre compagnon ? Est-il sur la même longueur d'onde que vous ? Vous laisse-t-il faire ou prend-il la main ? Si cet exercice révèle des tensions entre vous, identifiez-les. Repérez quels ressorts sont en jeu. Pouvez-vous exposer sereinement votre point de vue ? Ou bien rentrez-vous en conflit ? S'il y a conflit, c'est que votre ego occupe la scène. Dès que vous sentez monter la tension, reconnaissez-la, accueillez votre émotion puis, doucement, ressentez la Présence. Focalisez alors votre attention sur votre plexus solaire, au niveau du sternum. Prenez une grande respiration et revenez au calme. Appliquée à tous les moments de la vie, cette discipline va vous libérer. Mais il faut la tenir !

CLÉ DE TRANSFORMATION

Ne cédez pas à l'excitation, la vitesse, l'énervement. C'est la leçon d'aujourd'hui. Il n'y a aucune excitation dans la Nature. De l'effervescence, de la vie, de la dépense d'énergie, mais rien qui ressemble à cette agitation mentale qui caractérise l'être humain. L'excitation vous replace dans du passé ou du futur. Donc dans de l'illusion. Elle vous déloge de votre centre de gravité et vous précipite dans des situations imaginaires, hors d'ici et maintenant. Quand cela arrive, revenez doucement au moment présent. Et si vous flanchez, ne vous le reprochez pas. Prenez le temps d'observer, ne jugez rien. Faites aussi attention à votre petit bavardage intérieur, que vous soyez seul ou accompagné. Il attise l'inflammation du mental. Quand vous vous parlez à vous-même, c'est votre ego qui alimente le dialogue, pas votre être profond.

Dans un précédent ouvrage traitant des anges gardiens[1], j'ai formulé une règle pouvant s'appliquer à toutes les situations. Je l'ai appelée « les trois C » : Calme, Confiance, Conscience. Le premier, c'est l'art de cultiver le calme intérieur. Loin des bruits et de l'agitation du monde, vous restez ancré à votre centre de gravité, quelles que soient les circonstances. C'est un objectif atteignable. Vous le savez désormais : l'observation (autrement dit votre attention à ce qui est, ici et maintenant) réforme votre regard sur le monde, accroît votre fréquence vibratoire. Quand vous jugez, vous collez une étiquette sur une personne ou une situation. Vous ressentez une vague de frissons, de colère, de peur, d'envie. Tout cela n'est certainement pas du calme.

Vient ensuite la confiance. Chaque fois que vous abordez une situation, manifestez de la Présence en vous, autour de vous. Servez-vous de votre respiration, puis visualisez la lumière. Le calme s'ensuivra et votre confiance sera intacte. Dans le cas contraire, vous entrez en résistance et vous perdez votre assurance. Votre excitation vous aura joué des tours.

Enfin, quand l'âme est au repos, qu'elle n'est plus agressée par les soubresauts du monde, notre état de conscience s'élève. Nous écoutons nos intuitions, tous les actes de la vie quotidienne sont comme sanctifiés, c'est-à-dire conscientisés. Nous sommes sortis de l'inconscience. C'est l'accès à la connaissance.

Voilà ce qu'est la véritable paix.

Ne cherchez la paix nulle part ailleurs que dans votre cœur.

1. *Vous avez un nouveau message*, Larousse, 2023.

Méditez. Aidez-vous des multiples applications existantes pour vous mettre souvent en retrait du monde. Rappelez-vous, soyez *dans le monde*, mais pas *de ce monde*. Ainsi, ne consommez pas l'énergie de demain en vous excitant. Soyez enthousiaste, mais sans nervosité inutile. Que votre énergie soit concentrée en cet instant précis. Quand ce que vous appelez « l'avenir » se présentera, vous serez dans la même disposition (tranquillité) que maintenant. Car vous saurez qu'il n'y a jamais que le présent.

RITUEL

Du peintre

Ce rituel vous ramène au calme intérieur par la stimulation de votre créativité. Pour commencer, fermez les yeux et restez immobile. Dans votre esprit, visualisez un tableau en toile blanc posé sur un chevalet. Asseyez-vous sur le tabouret posé là à cet effet. Regardez devant vous. Au premier plan, il y a des massifs de fleurs de différentes couleurs. Décrivez-les. Quelles sont les couleurs les plus attirantes à vos yeux ? Celles que vous aimeriez reproduire le plus fidèlement possible ? Au second plan, il y a une rivière qui suit son cours paisiblement. Est-elle sinueuse ? En ligne droite ? Pouvez-vous décrire son débit ? À quel moment forme-t-elle un coude ? Et en toile de fond s'agite doucement une forêt de peupliers. Comment pourriez-vous peindre leur mouvement ? Imprégnez-vous de la scène, complétez avec vos propres idées. Vous êtes le peintre et vous décrivez en détail ce que vous voyez. Ne craignez pas de mal faire, ne cherchez pas la performance. Prenez simplement votre pinceau et choisissez les couleurs sur la palette qui représentent le mieux ce que vous observez. Dans votre vision, exagérez les couleurs, qu'elles soient plus vraies que nature, comme dans certains tableaux impressionnistes. Prenez le temps nécessaire pour composer ce tableau unique, celui de la Présence en vous. Ce sera votre création. Revenez-y régulièrement pour le compléter. Ressentez ce moment unique de connexion à vous-même et au monde. Vous avez retrouvé le calme intérieur.

JOUR 30

Se prémunir des attaques de l'ego !

« La conscience est une espèce de boussole, innée et infaillible. »

JEAN-JACQUES ROUSSEAU

« Cinq minutes de Présence absorbent plusieurs heures d'errance ! » C'est ce que j'ai dit à Benjamin, un jeune homme de la région toulousaine, à l'issue d'une série de sessions d'accompagnement. Il avait fait de grands progrès et se sentait vraiment mieux sur tous les plans. Ses relations s'étaient pacifiées. Il parvenait à s'exprimer posément. Toutefois, il subissait encore des résurgences de colère qu'il avait du mal à réprimer. Il en connaissait d'ailleurs l'origine. Elle se trouvait dans la concurrence avec ses frères. Depuis tout petit, il avait lutté pour trouver sa place dans une fratrie écrasante. Les empoignades n'étaient pas rares et elles dépassaient le cadre familial. Quand il est venu me voir, Benjamin se disait désemparé. Il m'a raconté qu'il avait rompu le lien avec ses frères et il en éprouvait beaucoup de tristesse. Au fond, ces affrontements étaient une forme d'amour, il le savait. À la maison, ils ne connaissaient pas d'autre façon de s'exprimer, mais lui ne voulait plus y souscrire.

Lorsque nous avons commencé le travail quelques mois plus tôt, Benjamin vivait un profond dilemme. Par ricochet, la rupture avec ses frères avait profondément affecté sa mère qui le lui reprochait avec amertume. Il était le vilain petit canard qui semait la zizanie, qui n'en faisait qu'à sa tête. Il était coincé dans un conflit de loyauté : donner satisfaction à sa mère ou tourner le dos à la famille ?

Tandis qu'il me parlait, j'ai eu en vision la présence d'un homme âgé, une sorte de patriarche qui régnait sans partage sur une propriété familiale. Benjamin l'a tout de suite identifié. Il s'agissait de son grand-père paternel, un personnage peu démonstratif et renfermé sur lui-même. Cet homme ombrageux avait caché toute sa vie un lourd secret de famille qu'il avait même emporté dans la tombe. Se sentant libérée d'un serment à la mort de son mari, la grand-mère de Benjamin avait alors raconté l'histoire du défunt. C'était à l'époque de Franco, dans l'Espagne de la fin des années 1940. Le couple venait de quitter le pays pour fuir les dénonciations qui décimaient leur village natal. Arrivé en France, il s'était installé dans les Landes et avait fondé un semblant de famille.

Seulement voilà. En partant, le grand-père laissait une première femme qui lui avait donné un garçon. Dans la débandade générale, il n'avait pu la revoir et n'avait jamais connu son fils. Ce drame aurait pu en rester là, si l'enfant de cette première union n'avait pas refait surface quelques mois après la mort du grand-père. En découvrant son existence, les oncles et les tantes de Benjamin s'étaient littéralement entre-déchirés. Les uns refusaient de reconnaître leur demi-frère, les autres plaidaient en faveur de son intégration. Sur fond de succession bâclée, la fratrie avait achevé de se décomposer en coupant les ponts. Le père en avait conçu un ressentiment profond qu'il ressassait depuis de longues années – reproduisant par son silence les silences de son propre père. C'est dans une ambiance lourde de secrets que Benjamin et ses frères étaient nés. Très unis au départ, ils avaient fini par se fâcher à leur tour pour des broutilles que personne n'avait jamais comprises. En se perpétuant dans la descendance, la blessure avait perdu son objet, mais pas son principe actif : la désunion.

Les drames vécus par les générations d'avant rejaillissent sur celles d'après.

On donne à ce phénomène le nom de « transgénéalogie » ou « psychogénéalogie ». Cette discipline explore les traumatismes et les schémas de comportement qui se transmettent des ascendants aux descendants et irriguent des familles. C'est peut-être le sens de cet énigmatique verset biblique : « Les parents ont mangé des raisins trop verts et les enfants ont eu mal aux dents. » C'est-à-dire que ce qui n'a pas été soigné en amont se reporte sur les générations suivantes. Pour ma part, j'appelle cela le « karma familial », la fameuse histoire que chacun porte et reproduit sans le savoir.

J'ai évoqué avec Benjamin l'idée d'un effet miroir, une sorte de mimétisme entre l'histoire paternelle et les conséquences de celle-ci dans sa propre vie. Au fond, ce secret, cette désunion, ce passé n'étaient pas les siens. Pourquoi aurait-il à en souffrir ? Mon client a admis que ses colères étaient une imitation inconsciente du déchirement familial. Tout le monde s'enguirlandait, alors lui aussi, il n'y avait pas de raison… Cela a été un vrai déclic pour Benjamin. Une lumière est apparue dans ses yeux. Il a compris que son énergie, sa fréquence vibratoire s'était calquée sur un modèle mortifère, le seul qu'il connaissait.

Cette découverte avait en soi toute son importance. Elle lui permettait d'envisager un changement dans sa vision du monde et dans sa perception des différents niveaux de réalité. Mais le travail ne s'arrêtait pas là. Se connaître soi-même ne se limite pas à explorer les branches de l'arbre familial, bien que cette première démarche soit fondatrice. Il s'agit d'aller chercher la Présence dans cette révélation, je veux dire *mettre de la conscience là où il n'y en a pas*. Les réflexes conditionnés ont la vie dure. Ils dénaturent notre vision du monde et la détournent au profit de l'ego. Or l'ego a besoin de souffrance pour exister. Il s'en nourrit.

J'ai donc donné à Benjamin des exercices pratiques à réaliser pour acter ce changement d'horizon. Je lui ai demandé de prendre son pouls spirituel régulièrement, de ménager des plages de retrait le plus souvent possible. Dans cette nouvelle routine, il a commencé à observer son monde, intérieur comme extérieur. Sans formuler de jugement. Il suivait mes instructions à la lettre, et j'étais ému de constater ses progrès. Il voulait vraiment sortir de sa condition d'homme en colère, derrière laquelle se cachait de la peur : la peur d'être lui-même, mais aussi celle de disparaître, de ne plus exister.

J'ai suggéré à Benjamin de se visualiser en train de penser et d'agir. Qu'il y ait un Benjamin « en haut » (sa conscience) et un autre « en bas » (sa part matérielle). Chaque fois qu'il repartait dans son histoire, qu'un élément déclencheur la lui rappelait, il avait pour mission de se voir en haut et de considérer la Présence au cœur du système. Cette visualisation a eu un impact considérable sur son énergie : Benjamin s'est surpris à ne plus s'identifier aux vieux schémas. Et le plus fort, c'est qu'il le faisait sans contrainte ! Cette détente lui a donné des ailes.

Durant les séances intermédiaires, nous avons pratiqué la méditation profonde. C'est une méditation aux frontières de la conscience. Accompagnée de paroles choisies et imprégnées de guidance, enveloppée d'une fréquence vibratoire adéquate, elle donne les effets d'une cure de jouvence. Là, les antagonismes s'affaiblissent, car le mental est anesthésié. L'énergie enlisée est libérée des entraves et elle circule à nouveau. On en ressent les effets très concrets. La vision est claire, les décisions sont justes. Et comme les vibrations sont hautes, on attire à soi le même type de fréquence. Si vous méditez sur les chakras, les sons et les couleurs (comme je vous y invite au jour 26), vous pouvez vous rapprocher de cet état.

Nous arrivons au dénouement. Comme nous avancions bien, Benjamin a émis tout à coup un désir fou : celui de reparler à ses frères. Ce désir était nouveau. Il y a trois mois encore, il n'aurait jamais imaginé en avoir l'intuition. Puis un jour de septembre, Benjamin a appelé un à un ses trois frangins. L'accueil au départ était assez froid, ce qui peut se comprendre. Mais notre héros ne s'est pas démonté. Il leur a proposé un rendez-vous dans le café où ils avaient l'habitude de se retrouver autrefois. Comble de surprise, ils ont tous les trois accepté. Et la fratrie de se réunir comme avant, à côté du vieux billard, dans l'arrière-salle qui n'avait, elle, pas bougé. Ils sont restés là jusqu'à la fermeture.

Les différends n'étaient pas entièrement résorbés quand ils se sont séparés à la nuit tombée. Mais chacun a promis de garder le contact. Il n'en fallait pas plus à Benjamin. Qu'il revoie ou pas ses frères prochainement n'était pas sa priorité. L'important, c'est qu'il s'était désidentifié de sa blessure. Ce n'est plus elle qui dirigeait sa vie. Il avait laissé la Présence agir, elle qui avait désiré en lui. Cet espace intérieur qu'il avait ménagé depuis toutes ces semaines était devenu son cabinet spirituel. Tout partait désormais de ce centre de gravité. Quant à sa question : « Pourquoi ai-je encore des remontées de colère ? », je l'ai rassuré, il y aura toujours de petits dérapages, surtout au début. C'est ce qui caractérise le changement.

CLÉ DE TRANSFORMATION

Je l'ai dit à Benjamin et je vous le dis donc à vous, cher lecteur qui avez eu la patience d'aller au bout de ce livre : ne cherchez pas à être parfait. Ne jugez pas vos petits accès de faiblesse, les retours de vos failles. Ne culpabilisez pas. Elles ne sont rien d'autre que des attaques de l'ego. C'est sa perfidie : il réveille votre colère, puis vous en fait le reproche. Alors, pour vaincre le petit tyran en vous, rien de mieux que de vous créditer de vos défauts : fort bien, j'ai dit ceci, j'ai fait ceci, mais cela ne permet à personne de me définir.

Fiez-vous toujours à la Présence.

Observez la tension qui monte comme un ascenseur dans les tours. Attendez quelques secondes avant d'éructer. Cet espace que vous vous laissez suffit très souvent à décrocher. Quelle que soit votre émotion du moment : peur, déprime, abattement… Souvenez-vous que c'est la blessure qui se rappelle à vous. Acceptez l'attaque du Petit Moi frustré : plus il rencontrera d'indifférence, moins ses attaques se feront violentes. S'il voit que ces émotions qu'il projette ont un effet sur vous, il recommencera encore et encore, car sa nourriture à lui, c'est cela : la souffrance. Ainsi, quand surgissent des périodes de découragement, des réminiscences de vieilles blessures, dites-vous que ce n'est pas vous qui êtes en cause. C'est l'ego. Ne luttez pas, mais prenez du temps pour vous. Faites-vous plaisir. Soyez à vous-même votre plus fidèle allié, soyez à vous-même votre propre lumière.

RITUEL

Du pardon

Par ce rituel, vous allez apprendre à relativiser les périodes d'apparente régression, dans lesquelles vous vous jugez ou vous voyez ressurgir de vieux schémas.

Dans un endroit tranquille, allumez une bougie et, si possible, un bâtonnet d'encens. Le but est de sacraliser ce moment au maximum. Réfléchissez à ce qu'il y a à pardonner en vous ou chez les autres, vos découragements, les moments où vous flanchez. Identifiez clairement ce que vous ressentez, avec honnêteté. Exprimez sur un carnet les émotions qui vous traversent : regret, culpabilité, colère... Puis écrivez votre intention clairement : « Je choisis de me pardonner (ou de pardonner telle ou telle personne), et je libère la douleur et la culpabilité. »

Visualisez une lumière douce et apaisante autour de vous et voyez-la emporter vos émotions négatives.

Enfin, brûlez (de manière sécurisée) la lettre que vous aurez écrite.

Pour compléter agréablement ce rituel, faites-vous plaisir. Faites un petit geste de gentillesse envers vous-même, par exemple mangez une petite douceur, ou envoyez un mot à quelqu'un que vous aimez.

En guise d'au revoir...

Que dire, au terme de cet ouvrage ? L'ai-je écrit avec tout mon cœur ? Sans le moindre doute. J'ai livré dans ces pages, cher lecteur, ce que je crois être la quintessence de ma vocation : la joie imprenable de se savoir aimé, inconditionnellement, par la Vie.

Je me suis exploré moi-même, durant des années. J'ai plongé dans mes profondeurs. Longuement, patiemment, j'ai cherché. J'ai douté parfois, lutté souvent, jusqu'à débusquer en moi la source vive, celle d'une énergie créatrice inépuisable : la Présence au cœur de toute chose. C'est à vous, désormais, de reprendre le flambeau et de faire briller votre lumière. Elle est en vous depuis toujours et n'attend que votre « oui » pour exister.

Je me sens béni d'avoir tant reçu des guides, là-haut. Ils ne cessent d'œuvrer à nos côtés pour faire advenir davantage de Conscience dans le monde. Ils sont à l'origine de cet ouvrage et de tout mon travail, à mon cabinet, dans les conférences et jusque dans les plus infimes détails de mon existence. Mais je ne suis pas seul dans cette aventure. Vous êtes mon compagnon de route. Mieux, ce livre ne m'appartient plus, il est le vôtre. Déjà, il raconte votre nouvelle vie, votre histoire sainte. La quintessence de qui vous êtes. Votre centre de gravité. À votre tour de faire éclater votre noyau ! De vivre en conscience chaque jour de cette nouvelle phase de votre existence. Puis de transmettre avec vos mots, votre expérience, votre couleur si particulière, la Présence à tous ceux qui vous entourent. Vous avez tant à offrir ! « Vous êtes le sel de la Terre », l'épice rare que cultivent, en vous, les guides de lumière.

Je suis, ici et maintenant, et rien d'autre n'existe.

Vous aussi, proclamez-le. Dites : « Je suis ! » N'est-ce pas simplement merveilleux ? Nous sommes toutes et tous unis dans cette même Conscience et pourtant, chacun de nous, avec son identité propre, affirme avec noblesse son « Je suis ». Quelle abondance, et quel sentiment de gratitude cela suscite en nous ! Nous sommes des êtres en évolution. Rien ne dure, tout est en mouvement. Ce qui naît aujourd'hui mourra demain. Et ce qui meurt déjà ressuscite. C'est la vibration perpétuelle de la vie. Tout avance, tout passe, tout se renouvelle. On ne peut rattraper le passé, car hier n'existe pas. Il n'y a que le présent éternel et, au cœur de ce présent, Dieu dépose l'empreinte de son sceau : celui de l'Amour infini.

Au moment de vous quitter, je vous invite à entendre la vibration du monde. Ouvrez-lui grand votre esprit. Écoutez les vagues de l'océan résonner dans vos cellules, ressentez la force du vent renouveler votre âme, laissez irradier, enfin, l'éclatant soleil dans le sourire du matin. Avec une grande respiration, exhalez, dans ce jour nouveau, votre plus beau « oui » ! Et la Présence, qui connaît votre cœur, saura vous le rendre au centuple. À vous maintenant de faire ce voyage. Vibrez haut !

Direction de la publication : Isabelle Jeuge-Maynart et Ghislaine Stora
Direction éditoriale : Élodie Bourdon
Édition : Mélissa Lagrange
Préparation de copie : Isabelle Chave
Conception de la couverture : Valentine Antenni
Conception de la maquette intérieure : Anne Bordenave
Mise en pages et relecture sur épreuves : Nord Compo
Fabrication : Donia Faiz/Marina Dartigues Plum

© Larousse 2024

Toute reproduction ou représentation intégrale ou partielle, par quelque procédé que ce soit, de la nomenclature et/ou du texte et des illustrations contenus dans le présent ouvrage, et qui sont la propriété de l'éditeur, est strictement interdite. Les Éditions Larousse utilisent des papiers composés de fibres naturelles, renouvelables, recyclables et fabriquées à partir de bois issus de forêts qui adoptent un système d'aménagement durable. En outre, les Éditions Larousse attendent de leurs fournisseurs de papier qu'ils s'inscrivent dans une démarche de certification environnementale reconnue.

ISBN : 978-2-03-605564-3

Composition et mise en pages
Nord Compo à Villeneuve-d'Ascq

PAPIER CERTIFIÉ

LAROUSSE s'engage pour l'environnement en réduisant l'empreinte carbone de ses livres. Celle de cet exemplaire est de :
2,1 kg éq. CO_2
Rendez-vous sur www.larousse-durable.fr

Achevé d'imprimer en Espagne
par Macrolibros SL
Dépôt légal : octobre 2024
336216/01 – 11055174 – août 2024